公務員試験で出る
SPI・SCOA
早わかり問題集

資格試験研究会◎編
猫の手ゼミナール◎執筆
実務教育出版

本書の執筆をしましたにゃ

●猫の手ゼミナール

猫の手ゼミナールは，大学生を専門にした学習塾です。2014年には育英会から優秀賞を受賞し，これまで延べ80大学以上，1,500名以上の大学生が受講しました。単位取得率は90％以上で，東大，京大，早慶，中堅私大などの大学生を中心に大学での単位取得，SPI指導，TOEIC指導などの指導をしています。詳細は，猫の手ゼミナールのホームページでご確認ください。

https://nekonotezemi.com/

はじめに

近年，公務員の採用試験は，地方自治体を中心に，多様な人材を確保するという観点から，選考の形式が多様化しています。民間企業志望者でも受験しやすいように，筆記試験で多くの企業が使用しているSPI（エスピーアイ）やSCOA（スコア）を導入する自治体も急激に増えています。

本書は，公務員の採用試験において，従来からあった教養試験に代わってSPIやSCOAなどが課されている場合に，効率よく対策を進めていくためのガイド兼問題例集となっています。
SPI・SCOAと従来型の公務員試験は，「一見似ているようで似ていない」ものなので，本書ではそれぞれの違いを分析し，テーマごとにどの分野が各試験で共通していてどの分野が独自の出題になっているのかを示して，共通部分の学習を優先させたり独自部分のみを補ったりできるようになっています。SPIの対策しかしていなかった方が従来型の公務員試験での受験を視野に入れたり，公務員試験の受験生が民間企業の採用試験の受験を考えたりするうえでも役立つ内容になっています。
また，各自治体が出している採用試験の受験案内を見ても，実際にどんな内容の試験が課されるのかがわかりにくいところがあるので，その見分け方のコツや，いろいろな採用試験を併願する際の注意点などについても紹介しています。

本書が，みなさんの受験対策のお役に立てれば幸いです。

資格試験研究会

公務員試験で出る SPI・SCOA ［早わかり］問題集

はじめに ……………………………………………………… 3

本書の構成と使い方 ………………………………………… 8

第1章　各試験の特徴

公務員試験が受けやすくなった！ ……………………… 12

一般タイプの試験 ………………………………………… 14

簡易タイプの試験 ………………………………………… 20

SPI ………………………………………………………… 24

SCOA ……………………………………………………… 28

テストセンター受験のポイント ………………………… 32

WEBテスト受験のポイント ……………………………… 36

第2章　受験案内の読み解き方

受験案内から試験種目を判断する方法 ………………… 40

上手に併願するための学習のコツ ……………………… 46

併願するうえでの注意点 ………………………………… 48

第3章　計数 (非言語) 問題

計数 (非言語) 問題の特徴と出題範囲 ……………………… 52

1 割合・比 ……………………………………… 54

2 損益算 ……………………………………… 60

3 売買条件 …………………………………… 68

4 代金の精算 ………………………………… 74

5 分割払い …………………………………… 80

6 仕事算 ……………………………………… 86

7 速度 ………………………………………… 92

8 旅人算 ……………………………………… 98

9 順列・組み合わせ ……………………… 104

10 確率 ……………………………………… 110

11 集合 ……………………………………… 116

12 資料読解 ………………………………… 122

13 領域 ……………………………………… 130

14 表計算 …………………………………… 136

15 推論・整数 ……………………………… 142

16 推論・論理 ……………………………… 148

17 推論・対応関係 ………………………… 154

18 推論・勝敗関係 ………………………… 160

19 推論・順位関係 …………………………………… 166

20 推論・位置関係 …………………………………… 172

21 物の流れと比率 …………………………………… 178

COLUMN SPIの種類 ……………………………………… 182

第4章　言語問題

言語問題の特徴と出題範囲 ………………………………… 184

22 ２語の関係 ………………………………………… 186

23 語句の意味 ………………………………………… 192

24 複数の意味を持つ語句 …………………………… 198

25 長文読解 …………………………………………… 204

26 空所補充 …………………………………………… 208

27 文章整序 …………………………………………… 212

COLUMN SPIのオプション「英語能力検査」 ……………… 218

第5章　一般常識問題

一般常識問題の特徴と出題範囲 …………………………… 220

28 社会 (人文科学・社会科学) ………………………… 222

29 理科 (自然科学) ………………………………………… 232

30 英語 …………………………………………………………… 242

31 論理 (判断推理) …………………………………………… 252

COLUMN SPIのオプション「構造的把握力検査」 ………… 262

第6章　性格検査

性格検査とは ………………………………………………… 264

　SPIにおける性格検査 …………………………………… 265

　SCOAにおける性格検査 ………………………………… 268

　公務員試験における性格検査 ………………………… 270

　性格検査は正直に答えるべきか ……………………… 271

本書の構成と使い方

- 本書では，近年，公務員試験で採用されることが増えている筆記試験の「SPI」や「SCOA」などの問題に沿った内容を掲載しています。
- 計算力や論理力などを測る問題は第3章「計数（非言語）問題」，語句の意味などの国語力を測る問題は第4章「言語問題」，そのほかの社会や理科などの一般知識を測る問題は第5章「一般常識問題」に分類しています。
- それぞれの章では，問題の分野ごとに，全般的な傾向と対策，代表的な解き方，具体的な例題を分けて解説しています。

出題頻度

SPI，SCOA，公務員の試験ごとに出題されやすい分野を★の数で表示（★★★が最頻出）※1。

傾向と対策

分野ごとに，どのような問題が出題され，どう考えて解けばよいかの傾向と対策を解説。

囲み

SPIやSCOA，公務員試験などでの出題傾向の違いを紹介。

ネコ先生

各分野の対策や学習方法などに関する一言アドバイス。

問題はこう解く！

各分野の問題を解くために必要とされる基礎知識や解き方などを解説。

SPI ★★★　SCOA ★★★　公務員 ★★★

1　割合・比

▶ **出題の傾向と対策**

割合・比は，全体を1として考える。割合の表し方には，%，小数，分数がある。これらの違いを理解し，瞬時に互いに変換できるようにしておく。

- SPIだけでなく，SCOA，一般的な公務員試験のほか，Lightや社会人基礎試験でも頻出テーマになっている。
- 公務員試験では，特に濃度の問題が近年出題されやすい傾向にあるので，チェックしておく。

> 濃度の問題は SCOA でも公務員試験でもよく出るので，P.58を確認してみるにゃ！

▶ **問題はこう解く！**

◉ **%から分数，小数への変換に慣れる**

問題文中には，ある割合が「%」で表されていることが多い。計算するときには「%」を小数や分数に直す必要があるので，すぐに変換できるように慣れておく。変換するときには，ケタの扱いに気をつける。

$$10\% = 0.1 = \frac{1}{10} \qquad 1\% = 0.01 = \frac{1}{100} \qquad 37\% = 0.37 = \frac{37}{100}$$

54

例題

各分野で出題されやすい
問題と選択肢の具体例※2。

解答・解説

重要箇所をマーカ
ーで強調したり，
吹き出しでポイン
トを示したりし
て，例題の解き方
を丁寧に解説。

解法のカギ

例題を解くうえで必要とされる公
式や考え方などのポイントを提示。

●「全体のA%のうち，さらにその中のB%」の意味をつかむ

問題では，あるグループ全体のうちA%が〇〇で，さらにその中の
B%が△△といった記述が頻出する。この意味を正しく理解する。
具体的ケースで見てみよう。
S大学の学生のうち，60%がサークルに入っていて**そのうち20%**が
フットサルサークルに入っているとする。フットサルサークルに所属
する学生は**全体の何%**になるか？
図にすると以下のようになる。

図の青い部分，「60%のうち20%」の学生全体に対する割合を求めたい。
ここで使えるのが次の計算式だ。

$$\frac{A}{100} \times \frac{B}{100}$$

Aがサークルに入っている学生の割合。Bはそのうちのフットサルサ
ークルに所属する学生の割合として計算する。
A = 60，B = 20なので，

$$\frac{60}{100} \times \frac{20}{100} = \frac{12}{100}$$

よって，フットサルサークルに所属する学生は，全体の12%だとわかった。
このように，ある部分に対する割合と全体に対する割合を整理して理
解しておく。

ワンポイントアドバイス

例題の解き方のまとめや，例
題以外の問題へ応用する方法
などを解説。

最重要ポイントはここ！

各分野で押さえておきたい公式
や解き方などのまとめ。

⚓ **最重要 ポイントはここ！**

● %は小数か分数に直して計算する…10% = 0.1 = $\frac{1}{10}$

● 全体のA%のうち，さらにその中のB%…$\frac{A}{100} \times \frac{B}{100}$

※1　出題頻度は，以下を参考に傾向を
　　　示しています。
　　　SPI：SPI-Uを基準に，他のペーパ
　　　ーテスト，テストセンター，WEB
　　　テスティングサービスの傾向を加味
　　　SCOA：SCOA-A
　　　公務員試験：市役所上級と地方上
　　　級試験を基準に，国家公務員試験
　　　の情報を加味
※2　例題の選択肢は，公務員試験と
　　　SCOAに合わせて算用数字にそろ
　　　えています。実際のSPIではA,B,C
　　　……のアルファベットになります。

- 第3章，第4章，第5章の冒頭では，**分野別の特徴と出題範囲**について解説しています。
- それぞれの章でSPI，SCOA，公務員試験での分野別の出題頻度を一覧表にまとめています。

出題範囲・頻出度まとめ

SPI，SCOA，公務員試験での分野別の頻出度のまとめ（「─」は出題実績のないもの。ただし，出題傾向が変わり出題される可能性もある）。

【言語問題の特徴と出題範囲】

　本章では，SPIを中心にSCOA，公務員試験ではどのように出題されるかなど，各試験の出題傾向の特徴や違いを解説していきます。

● 出題範囲・頻出度まとめ

　言語問題については，SPIはどの分野もまんべんなくよく出題されますが「空所補充」「文章整序」はテストセンター形式とWEBテスト形式でのみ出題されます。「2語の関係」「複数の意味を持つ語句」は，SCOAや一般的な公務員試験では出題がありません（Lightや社会人基礎試験では出題があります）。

※ただし，出題傾向が変わるなどして今後出題される可能性はあります。

分野（計算）	頻出度		
	SPI	SCOA	公務員試験
2語の関係	★★★	★	─
語句の意味	★★★	★★	─
複数の意味を持つ語句	★★	─	─
長文読解	★★★	★★★	★★★
空所補充	★★	★★	★★
文章整序	★★	★	★★

● 出題の傾向と対策

SPI

　主に中学レベルの内容の問題が中心になります。他試験に比べて，長文読解よりも知識問題の割合が多くなっています。「2語の関係」のように，解法のパターンを知っていれば解ける問題があるのも特徴です。「文章整序」も，対策しているかどうかで本番での得点が大きく変わるため，しっかりと勉強しておきましょう。

184

出題の傾向と対策

SPI，SCOA，公務員試験での出題傾向や問題の分野別の勉強法のポイントなどを紹介。

第1章

各試験の特徴

公務員試験が受けやすくなった！

　公務員試験は基本的に１次試験と２次試験に分かれており，多くは１次試験で筆記試験，２次試験で面接が実施されます。筆記試験は，大きく分けて「教養試験」と「専門試験」の組み合わせで出題されます。

　公務員試験の筆記試験はもともと民間企業のものに比べて難易度が高く，公務員試験向けの勉強をしっかりとしておかないと合格できないものでした。しかし，最近では地方自治体を中心に，多様な人材を確保したいというニーズが生まれており，試験の形式も多様化しています。具体的には，従来型の試験から専門試験を外して教養試験のみで受けられるようにしたり，教養試験そのものを受けやすい形のものにしたり，民間で広く使われている試験を採用したりするところが出てきました。

専門科目を外した例　鳥取県職員募集案内（令和２年度）

〈事務（総合分野コース）の場合〉

	試験科目	試験時間	内容（出題分野）
1次試験	教養試験	2時間30分	公務員として必要な一般的な知識及び知能（社会科学・人文科学・自然科学に関する知識，文章理解・判断推理・数的推理・資料解釈等の能力）についての筆記試験
	エントリーシート	2時間	①志望理由，②自己ＰＲ，③チャレンジした経験の３つのテーマで出題します。（事前提出ではなく，第１次試験当日に試験会場で記入します。具体的な質問事項は，第１次試験当日に提示します。なお，試験時間中に資料等を見ることはできません。） ※エントリーシートは，第２次試験の人物試験の参考資料としても使用します。
	論文試験	1時間	公務員として必要な識見，思考力，表現力等の能力についての筆記試験
	適性検査		職務遂行に関する適性についての検査
2次試験	人物試験		集団討論及び個別面接による人物についての口述試験

（鳥取県職員募集案内（令和２年度）をもとに作成）

民間試験を採用している例 大阪府職員募集案内（令和２年度）

〈行政22-25の場合〉

	試験科目	試験時間	内容（出題分野）
1次試験	SPI3	約１時間10分	言語的理解力や数的処理能力，論理的思考力を問います
	エントリーシート	１時間	意欲，行動力などを問います ※以下，省略。
2次試験	論文	１時間	次の（1），（2）の２つの分野から出題します。 （1）見識又は法律・経済分野 （2）情報分野 ※一部，省略。
	個別面接		
3次試験	個別面接		２回実施します
	グループワーク		５人から８人のグループで，与えられた課題についての作業などを行います

（大阪府職員募集案内（令和２年度）をもとに作成）

　受験しやすくなってきているとはいえ，それでも１次試験時に受験生の知識や能力を試すための筆記試験を課しているところがほとんどです。

　その筆記試験には，従来からある教養試験と同様の試験を課している「一般タイプ」，易しめの基礎的な知識を中心に問う「簡易タイプ」，民間で広く使われているSPIなどの試験を取り入れた「民間試験タイプ」の３タイプがあります。次節からは，それぞれのタイプについて詳しく説明していきます。

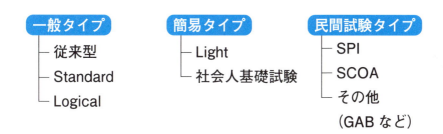

一般タイプ
├ 従来型
├ Standard
└ Logical

簡易タイプ
├ Light
└ 社会人基礎試験

民間試験タイプ
├ SPI
├ SCOA
└ その他
（GAB など）

一般タイプの試験

　一般タイプの試験には，従来型の教養試験と，市役所試験などで行われている「Standard（スタンダード）」「Logical（ロジカル）」があります。

従来型の教養試験

　従来型の教養試験は，国家公務員試験，地方上級・地方初級試験（都道府県・政令指定都市の試験），市役所上級・市役所初級試験（特に6月下旬実施のＡ日程試験），警察官試験などで広く行われているものです。公務員の採用試験全体でみると，まだまだ従来型の教養試験を課しているところが多くなっています。

　問題の形式は五肢択一式ですが，問題数と解答時間にはさまざまなパターンがあります。なかには，50問のうちから40問を選んで解答する「選択解答制」の試験を導入しているところもあります（地方上級関東型，特別区など）。

形式：五肢択一式
問題数と解答時間の例
市役所上級	40問・120分
地方上級	50問・150分
地方初級・警察官	50問・120分
国家一般職［大卒］	40問・140分
国家一般職［高卒］	40問・90分

問題数の目安
（市役所Ａ日程の例）
判断推理	7問
数的推理	6問
文章理解	6問
資料解釈	1問
社会科学	8問
人文科学	6問
自然科学	6問
合計	40問

（1）出題分野と内容

　従来型の教養試験は，以下の2つの分野で構成されています。

> 教養試験 ＝ 知能分野 ＋ 知識分野

　知能分野は，論理的な思考力が問われる「判断推理」「数的推理」「文章理解」「資料解釈」の４つで構成されています。もう１つの知識分野は中学校・高校の社会や理科のような問題が出されるもので，大きく分けて「社会科学」「人文科学」「自然科学」の３つで構成されています。出題割合としては，知能分野半分・知識分野半分というのが一般的ですが，知能分野のウエートを若干高めている例もみられます（国家公務員試験など）。

　それでは，それぞれの分野の傾向や対策法などを，SPIやSCOAとも絡めてみていきましょう。

①判断推理

　判断推理は大きく分けて「文章を読んで判断する分野」と「空間把握の分野」の２種類があります。「文章を読んで判断する分野」は，いわゆるSPIの「推論」のような分野で，SPIの勉強が本番の試験の対策につながります。特に場所や順番を見極めるタイプの問題や対応関係の問題等，出題分野が重複している部分も多いため，ぜひ活用してみましょう（→P.142）。「空間把握の分野」はいわゆる「図形」の問題です。展開図や積み木の問題が多く，出題パターンが限られているため，しっかりと対策すれば比較的本番でも点数は取りやすいです。まずは本書に載っている第５章の「論理」の問題を解いてみましょう（→P.252）。

②数的推理

　主に中学校レベルの数学の問題が出題されます（高校範囲の問題も若干出題されます）。「整数問題」「速さ」「図形」「確率」は頻出テーマなので，ぜひ解けるようにしておきましょう。数学が苦手な人はSPIの非言語の勉強から始めるとよいです（→第３章）。

　また，「数学の問題が出題される」というと難しく思うかもしれませんが，あくまでも「正答を数的に推理する問題」なので頻出のパターンは限られており，慣れてくれば手早く解けるようになってきます。

　SPIやSCOAとの親和性が一番高いのが数的推理です。本書第３章の問題にしっかり取り組めば，それが数的推理対策にもSPI・SCOA対策にもなります。まさに「一石三鳥」の科目ですので，積極的に取り組む

ことをおすすめします。

③文章理解

　現代文や英文の文章（一部の自治体では古文も出題されます）を読んで，その文章に関する設問に答えるものです。文章理解には，文章の内容に合致しているものを選ぶ「内容把握」，文章の趣旨や要旨を問う「要旨把握」，文章中の空所に語句や文章を入れる「空所補充（空欄補充）」，バラバラになった文章を順番どおりに並べ替える「文章整序」の4パターンがあります。

　SPIやSCOAに比べると文章量が多く，長文読解（内容把握・要旨把握）の比率が高くなっています。また，英文の長文読解が出題されるのは公務員試験だけです（SPIのオプション検査の英語では出題されます）。評論文など難解な文章が題材にされることも多いので，解き慣れておくことが大切です。

④資料解釈

　グラフや数表などの資料から，正しくいえることを選ぶ問題です。問題の難易度としてはそれほど高くありませんが，とにかく慣れないと解くのに時間がかかってしまうので，計算の省力化や概数計算などのテクニックを身につけて，短時間で解くための練習をする必要があります。

　SPIのテストセンターでも資料を扱う問題は出題されますが，問題の形式はだいぶ違っています。ですが，問題の解き方としては公務員試験もSPIもそれほど変わりません。

> ## 判断推理・数的推理と非言語（SPI）の違い
>
> 公務員試験の判断推理・数的推理とSPIで行われる非言語は，どちらも中学生レベルの数学が中心に出題され，出題科目も重複している部分が多くなっています。
>
> 大きく違うのは，SPIでは図形問題は出題されませんが，判断推理・数的推理では頻出になっている点です。

⑤社会科学

　社会科学の出題分野は政治，経済，社会一般，時事です。政治の分野は，「日本国憲法」と「国際政治」からの出題が多くみられます。重要なキーワードに関する問題が多く，中学・高校の勉強の際に聞いたことがあるような用語が多く出題されます。

　経済の分野は，「ミクロ経済」「マクロ経済」の出題が多くみられます。「ミクロ経済」では消費者行動，需要・供給曲線の分野の問題が多く，マクロ経済では，経済循環と国民所得の分野からの出題が多いです。

　社会科学攻略のキモは時事問題対策です。時事問題といっても就活で問われるような一般常識的なものではなく，官公庁から出ている白書からの出題が多く，最新の政策なども絡んでくるので，『公務員試験　速攻の時事』（実務教育出版）など公務員試験用の時事対策本を読んでおく必要があります。

　なお，SCOAでは政治と社会一般分野からの出題はありますが，経済分野は出題されません。SPIでは社会科学分野からの出題はありません。

⑥人文科学

　人文科学の出題分野は日本史，世界史，地理の3分野になります。以前は出題があった思想・文学・芸術は近年はウエートが下がっています。歴史は日本史・世界史ともに近代〜現代からの出題が多くなっています。特に市役所試験では第一次世界大戦〜現代，地方上級試験では江戸時代〜現代から出題される傾向にあります。地理は日本地理よりも世界地理からの出題がほとんどです。世界地理からはまんべんなく出題される傾向にあります。

　全体を通してSCOAで出題される問題よりも難しめなため，誰が何を行い，どんな内容だったかを整理していくことが大切です。また，出来事の前後関係も覚えておきましょう。なお，SPIでは人文科学分野からの出題はありません。

⑦自然科学

　自然科学の出題分野は数学，物理，生物，化学，地学の5分野です。全分野の出題範囲は高校で習う範囲で，高校の標準レベルの問題が中心

になっています。文系の受験生には難しく感じるかもしれませんが，出題されるテーマが限られていたり，典型的な問題が繰り返し出題されたりしているので，安易に捨て科目にせず，あきらめずに取り組んでおきたいところです。また，近年は，環境問題，新素材・新技術，宇宙開発，自然災害など，話題になった自然科学系のニュースや日常生活と絡めた問題など，解きやすい形式の問題もみられるようになっています。

　物理，化学，生物，地学についてはSCOAでも出題されますが，数学はSCOAでは出題されません。また，SPIでは自然科学分野からの出題はありません。

　自然科学は，計算問題の出題も多いため，重要語句を覚えるだけでは解けないケースも多いんだにゃ

Standard……従来型と同様の教養試験

　平成30（2018）年に地方自治体向けの教養試験がリニューアルされた際に，従来型と同様のものとして設定されたのがStandard(スタンダード＝標準タイプ)です。

　知能分野・知識分野はともに20問ずつ出題されます。従来型と違うのは，時事問題が多めに設定されている点です。また，「古文」「哲学・文学・芸術等」「国語（漢字の読み，ことわざ等）」は出題されません。

　形式：五肢択一式
　問題数：40問
　解答時間：120分

▶ Logical……知能重視の教養試験

　Logical（ロジカル）試験は，知能重視タイプです。そのため，知能分野27問・知識分野13問の配点になっています。Standardと比べ，判断推理・数的推理・文章理解・資料解釈といった論理的思考力を問われる問題が多めに出題され，逆に自然科学の出題はないというのが特徴です。時事問題が多めに設定されていること，「古文」「哲学・文学・芸術等」「国語（漢字の読み，ことわざ等）」は出題されない点は，Standardと共通しています。

　知能分野については，ほとんどの出題範囲がSPIなどの民間試験と重複しているので，Logicalは民間就職を念頭に置いた受験生でも，比較的受けやすい形式の試験になっています。

　形式：五肢択一式
　問題数：40問
　解答時間：120分

平成30年度にリニューアルされた教養試験

地方自治体の多様な人材を集めたいというニーズに応えるため，平成30（2018）年に地方自治体向けの教養試験がリニューアルされ，Standard, Logical, Lightの3区分になりました。この3区分は「新教養試験」などと呼ばれたりもしますが，形としては従来型にLogical(知能重視タイプ)とLight(基礎力タイプ)を新たに加えたものと思ってください。なお，StandardとLogicalはさらに難易度によって，それぞれⅠ（大卒程度の内容）とⅡ（高卒～大卒程度の内容）に分けられています。

今のところ，この3区分の試験は市役所試験での出題が主流となっています。

簡易タイプの試験

　易しめの基礎的な知識が中心で，なおかつ選択肢の数も少ない簡易タイプの試験としては，「Light（ライト）」「社会人基礎試験」があります。

Light……基礎的な知識を問う試験

　Light（ライト）試験は，基礎的な知的能力が問われる試験です。StandardやLogicalに比べて比較的難易度が低い問題が出題されます。

　出題形式は以下の通りで，「社会への関心と理解」「言語的な能力」「論理的な思考力」の3つの分野で構成されています。後述の社会人基礎試験と非常に似た内容となっています。

形式：四肢択一式
問題数：60問
解答時間：75分

Light の問題数

社会への関心と理解	24 問
言語的な能力	18 問
論理的な思考力	18 問
合計	60 問

> Light試験は難易度が低くて，SPIなどに出題傾向が近いんだにゃ

①社会への関心と理解

　いわゆる時事問題や一般常識問題の分野です。近年のニュースに関するものなどが出題されるため，日頃から新聞などで情報収集を行っていくことが対策につながります。また，ニュースの大まかな内容だけでな

く，よく出てくるワードの意味等も押さえておくとよいでしょう。世界遺産やノーベル賞，話題となった科学技術などの出題もみられます。

SCOAで出題される時事問題とも似た内容で，対策方法は変わりません。SPIでは時事問題の出題はありませんが，面接まで考えると勉強したほうがよいでしょう。

②言語的な能力

いわゆる国語の問題です。言葉の意味や熟語，語法などの知識が問われることが多いです。ほかにも日本語の文章を読み，その趣旨を答える問題や簡単な英語問題が出題されます。

SPIでも出題率が高い内容です。SCOAでは語句の意味，熟語に関する問題が出題されるため，公務員を目指す人にとっては共通の範囲といえます。

③論理的な思考力

SPIの非言語に近い分野です。条件や資料をヒントにして答えの選択肢を導く，SPIの「推論」のような問題の出題があります。SPIの非言語の対策がしっかりとできていれば，それほど困らないでしょう（→第3章）。

※自身が受験をする職種によっては，別途その職種の専門試験などを行う場合があります。必ず事前に確認しておきましょう。

Light試験ができた理由

公務員試験は民間企業に比べて難易度が高いため，民間企業を目指す人にとっては併願で受けることはハードルが高く，採用する側でも受験者が少ないために人材確保が難しい自治体も存在していました。そのため，他の公務員試験に比べて「難易度が比較的低い」「民間企業の筆記試験（SPIなど）と出題範囲が比較的近い」といった特徴があるLight試験が生まれたのです。

社会人基礎試験……社会人向けの試験

社会人基礎試験は，その名の通り社会人を対象にした採用試験となります。試験は，職務基礎力試験と職務適応性検査の2つで構成されています。

（1）職務基礎力試験

出題形式は以下の通りで，「社会的関心と理解について問う分野」「言語的な能力を問う分野」「論理的な思考力を問う分野」の3つの分野で構成されています。前述のLightと非常に似た内容になっています。

形式：四肢択一式
問題数：75問
解答時間：90分

社会人基礎試験の問題数

社会的関心と理解について問う分野	25問
言語的な能力を問う分野	25問
論理的な思考力を問う分野	25問
合計	75問

①社会的関心と理解について問う分野

最新の時事ニュースや情報に関する問題が出題されます。話題になった人物や出来事について，概要だけでなくその背景や内容も含めて基本的な知識が問われます。最近のニュースが出題されることが多いため，新聞やニュースで取り上げられる国内外の出来事の情報収集は欠かさないようにしましょう。世界遺産やノーベル賞，話題になった科学技術などの出題もみられます。

SCOAでも近い内容で時事問題の出題があります。SPIでは時事問題の出題はありませんが，面接で聞かれやすいので確認しておく必要があります。

② 言語的な能力を問う分野

　<u>文章の意味を正確に把握し，文章全体の趣旨を把握する力を問う問題</u>が出題されます。情報を整理する問題が出題されます。敬語表現や時候のあいさつなど，ビジネス常識的な内容も出題されます。日本語だけでなく，基礎的な英文も出題されます。

　SPI，SCOAの長文読解と同様の対策が必須になります。内容や要旨を把握できるように本書の第4章で，解き方を学んでおきましょう。

③ 論理的な思考力を問う分野

　与えられた情報をもとに情報を整理して，その整理した情報から論理的に考えて正答を導き出せるかが問われます。<mark>SPIの非言語に近い分野</mark>なので，本書でしっかりと対策をしておきましょう（→第3章）。

（2）職務適応性検査

　SPI試験などの性格検査に該当する試験です。「積極性」「共感性」「柔軟性」「自我強度（自信）」「規律性」の項目に関して回答していきます。試験時間が短いため，どんどんと回答していく必要があります。

> 形式：四肢択一式
> 問題数：150問
> 解答時間：20分

> 職務基礎力試験と職務適応性検査は，原則，両方を同日に受験することになるにゃ

SPI

SPI の概要

　SPI（エスピーアイ）とは，民間企業への就職活動における筆記試験であり，多くの企業において最初の試練になっています。一定以上の成績を取れないと面接に進めない「足切り」としての位置づけになっていることが多いため，どんな問題が出るかを知り，しっかりと対策をしていくことが必要となります。

　現在の最新バージョンはSPI3で，リクルートマネジメントソリューションズ社が提供しています。さらにSPIにはさまざまな種類があります。大学新卒者向けのSPI-U，SPI-Uの短縮版のSPI-A，中途採用者向けのSPI-G，高卒者向けのSPI-Hなどがあります。本書では，SPI-Uを中心に解説していきます。

　近年では民間企業の受験者にも公務員試験を受けてほしいという理由から，公務員試験でSPIを使用する自治体も増えてきています。

　SPIの試験は，大きく分けて「能力検査」と「性格検査」の2種類で構成されています。解答時間は試験の形態によって変わります（→P.26）。

能力検査

　能力検査は大きく「言語」と「非言語」の2つの分野に分けることができます。

(1) 言語

　いわゆる国語の分野になります。語彙力を問われる問題や文章の理解力が問われる問題などが出題されます。

> 2語の関係，語句の意味，複数の意味を持つ語句，空所補充，文章整序など

SPIの言語は，語句と同様にもともと意味を知っていれば解きやすいものの，知らなくても解き方を知っていることで正解できる問題が多く存在します。非言語と同様に，まずは基礎となる解き方を知ることから始めましょう。特に長文読解は，SCOA，公務員試験でも必須のテーマになります。

本書の第4章の例題を解きながら練習していきましょう。

(2) 非言語

いわゆる数学（算数を含む）の分野になります。文章を読んで状況を整理する「推論」と計算を進めて答えを出していく推論以外の科目に大きく分けることができます。SPIは他試験に比べて基礎的な問題が多くなっています。公務員試験やSCOAとも共通の分野があるため，本書の第2章で確認しておきましょう（→P.46）。

> 推論，割合・比，損益算，売買条件，代金の精算，分割払い，仕事算，速度，旅人算，順列・組み合わせ，確率，集合，資料読解，領域，表計算など

SPIの非言語では「推論」以外の科目は，基本になる解き方を理解し，繰り返し問題演習を行うことで正答率を上げやすくなっています。まったく同じ問題が出題されることはないため，なぜそうなるのかを理解しながら解いていく必要があります。

本書の第3章の例題を解きながら練習していきましょう。

(3) オプション検査

能力検査には「英語能力検査」と「構造的把握力検査」という2つのオプション検査が存在します。オプション検査は，実施する自治体としない自治体があります。

検査名	試験時間	試験内容
英語能力検査	約20分	基礎的な文法問題や空所補充など
構造的把握力検査	約20分	複数の文章問題を読み，解き方が似ている問題を選ぶ問題など。文章問題自体は小〜中学レベルが多い

▶ 性格検査

性格検査では30〜45分かけて質問に答え，受験者の性格を「情緒的側面」「行動的側面」「意欲的側面」「社会関係的側面」の4つの側面から分析します（→P.265）。

性格検査では「明らかにこちらを選んだほうが有利」という選択肢もありますが，「受験先の企業や自治体または職種によってどちらが有利かが変わる」選択肢もあります。事前に受験先の研究をして，どんな人材を求めているのかを確認する必要があります。また，性格検査は採用担当者がその結果を見ながら面接を進めることがあります。嘘をついて辻褄が合わなくならないように気をつけましょう。

▶ SPIの試験方法には種類がある

SPIには，4つの試験方法があります。それぞれ「ペーパーテスト」「テストセンター」「WEBテスティングサービス」「インハウスCBT」と呼ばれるもので，どれを受けるかによって試験の受け方と出題範囲が変わってきます。そのため，まずは自身が受験するSPIがどの形態なのかを受験先の企業や自治体から送られてくる情報で確認しましょう。

（1）ペーパーテスト

マークシート式の試験で，民間企業では会社説明会の後などに行うことが多いです。

試験時間が他試験と比べて長いのも特徴です。

形式：多肢選択式
問題数：70問（非言語：30問，言語40問）
解答時間：能力検査＝70分，性格検査＝約40分

近年では，ペーパーテストを行う企業は減ってきていますが，公務員試験においてはまだペーパーテストが主流です。また，公務員試験では，ペーパーテストかテストセンター（もしくはWEBテスティングサービス）を選ばせる場合もあり，そのときはテストセンター（またはWEB

テスティングサービス)のほうが日程が早くなるケースがほとんどです。

(2) テストセンター

　各地に設置されている試験会場に行き，試験を受けます。能力検査は会場に設置されているパソコンを使って受験しますが，性格検査は事前に自宅で受験をする必要があります。

形式：多肢選択式
問題数：不定

制限時間内に何問解けるかという形式なので，問題数は決まっていない

解答時間：能力検査＝約35分，性格検査＝約30分

(3) WEBテスティングサービス

　受験者が自身のパソコンやスマートフォンを使い，自宅で受験をする方法で，いわゆる「WEBテスト」と呼ばれるものです。2020年に流行したことなどから，今後も増加するとみられています。他のテストと比べ，不正や替え玉受験などが懸念されますが，試験通過者には，別途同レベルの試験を課すなどの対応を行うところが多くなっています。

形式：多肢選択式
問題数：不定

制限時間内に何問解けるかという形式なので，問題数は決まっていない

解答時間：能力検査＝約35分，性格検査＝約30分

(4) インハウスCBT

　実際に応募する企業に行き，企業のパソコンを使って受験をします。この方法を採用している自治体や企業は，非常に少ないです。

形式：多肢選択式
問題数：不定

制限時間内に何問解けるかという形式なので，問題数は決まっていない

解答時間：能力検査＝35分，性格検査＝30分

SCOA

 ## SCOA の概要

SCOA（スコア）とは，NOMA総研（株式会社日本経営協会総合研究所）が作成している総合適性検査です。

SCOAには，「基礎能力検査（SCOA-A・F，SCOA-i）」「パーソナリティ検査（SCOA-B）」「事務職能力検査（SCOA-C）」などがあります。SCOA-Aは理科と社会があるタイプで，SCOA-Fはないタイプになります。現在はSCOA-Aを使用する自治体や企業が大半のため，受験する人は理科と社会の対策もしておく必要があります。

新卒採用試験で使用されるのは，「基礎能力検査（SCOA-A・F）」と「パーソナリティ検査（SCOA-B）」の2つです。「基礎能力検査」はいわゆる学力試験，「パーソナリティ検査」はいわゆる性格検査です。この2つの検査を攻略できるかどうかがポイントになります。

 ## 基礎能力検査

出題形式は以下の通りで，「言語」「数理」「論理」「常識」「英語」の5つの分野で構成されています。

形式：五肢択一式
問題数：120問
解答時間：60分

SCOAは，SPIと比べて試験範囲が広くなります。SPIが言語・非言語が主なのに対して，SCOAでは言語・数理・論理に加えて常識・英語を検査します。出題範囲が比較的従来型の公務員試験に近く，置き換えやすいということがあるからか，採用試験にSCOAを導入する自治体が増えています。

SCOAの問題を通して言えることは，1問1問の問題はそこまで難しいわけではありませんが，「とにかく範囲が広いため，対策に時間がかかり，間に合わない人が多い」ということです。

以下は，各分野の問題数の目安です。

言語

文章理解	10問
語彙・熟語・慣用句・同音	10問
合計	20問

数理

四則計算	10問
方程式・不等式	5問
数列	5問
数的推理	10問
合計	30問

論理

推論	5問
判断推理	7問
立体，平面図形等	13問
合計	25問

常識

社会	12問
理科	5問
時事	8問
合計	25問

英語

発音	5問
会話の応答	5問
空所補充	5問
和文英訳	10問
合計	25問

※出題パターンは複数存在するため，あくまで目安である。
※問題数は，受験するタイミング等によって前後する可能性がある（対策本によって掲載されている問題数が違うのはこのためである）。
※ 各分野の合計問題数は20問から30問。たとえば常識が25問になったり，数理が20問になる場合もある。

SCOAは早くから対策が必要

SCOAの対策にどれだけ時間がかかるかは，「英語の学力」と「中学レベルの理科・社会を覚えているか」に大きく左右されます。特に理科・社会は中学レベルといっても範囲が広く，すべての分野から出題されます。深くなくても良いが広い範囲を復習しておくことが重要となるため，どれだけ早く復習をスタートできるかがポイントになります。

▶ SCOA の対策

（1）言語の対策

　語句問題よりも文章読解の問題数が多いのがSCOAの特徴といえます。文章読解では，「下線部の文章は何を伝えたいのか」や「文章を通して筆者が伝えたいこと」など，現代文の問題で聞かれるような問題が多く，高校受験レベルのものが多いです。

　また，語句問題はSPIでは「2語の関係」や「語句の意味」などの対策が必須になります。しかし，SCOAでは慣用句や故事成語の出題が多かったりと，同じ語句問題でも出題傾向が大きく変わります。言語分野は，非言語分野以上にSCOAに向けた勉強をしていく必要があります。

（2）数理・論理の対策

　数理では，四則計算，方程式・不等式といった単純な計算問題と数列，数的推理が出題されます。数的推理は計算をして答えを求める問題で，「濃度」や「速度算」「仕事算」などが出題されます。SPIの非言語の対策ができていれば比較的解きやすいといえます（→第3章）。

　SCOAの論理の問題は，「推論」「立体」「判断推理」によって構成されています。SCOAで出題される推論は，SPIの推論に出てくる「位置関係」「順位関係」などが解ければ，問題なく解くことができます。立体は展開図，回転図，切断面の問題が頻出になっています。問題自体の難易度は中学レベルです。判断推理は，道順の問題が頻出です。中学・高校レベルの組み合わせの問題が解ければ問題ありません。

（3）常識分野は注意が必要

　常識分野の問題数は，特に受験する年によって変わることが多いです。たとえば理科10問，社会10問の時もあれば，社会12問，理科5問，時事問題8問の時もあります。理科と社会は最低でも1問ずつは出題されますが，時事問題は出題されないときもあります。

　「理科に絞って，点数を稼ごう！」などと考えていると，ほとんど出題されなかったときに高得点が難しくなってしまいます。どちらかの科目に絞って勉強するのは危険です。

▶ パーソナリティ検査

　SCOAのパーソナリティ検査(性格検査)では,「気質(先天的なもの)」「性格的特徴(後天的なもの)」「態度(意欲)」の３つの項目から診断されます(→P.268)。

　問題は約240問で,解答時間は約35分です。問題数が多いため,テンポよく答えていき,時間内にすべて回答することが必要です。

▶ SCOA の試験方法

　SCOAはペーパーテストで受ける場合と,テストセンターに行き,パソコンを使用して受ける場合があります。どちらも基礎能力検査とパーソナリティ検査を受けることが多く,その内容もペーパーテストとテストセンターで大きく変わることはありません。そのため,対策の段階で勉強する内容は変わりません。

　基礎能力検査だけ行う場合やパーソナリティ検査だけなどの場合もあり,それは受験先によって変わります。

第３章と第４章でSPIの対策問題,第５章にSCOAの対策問題を掲載しているので,ぜひ解いてみるにゃ

SCOA試験を使用している団体

SCOAは,比較的固いイメージの企業や団体の採用試験に使用されることが多いです。具体的には農協・地銀・信金・市役所・県庁等があります。そのため,このようなところを受けたいと考えている人は,受験先でSCOAが使用されているかどうかを確認しましょう。すべての農協・地銀・信金・市役所・県庁等でSCOAが使用されているわけではないので,事前の確認は必要です。

テストセンター受験のポイント

▶ テストセンターとは

　テストセンターは受験者が試験会場に集まり，そこに設置されたパソコンを使って試験を受ける方式です。ここでは主にSPIのテストセンターを中心に解説していきます。以前はSPIを会場で受ける方式というイメージでしたが，現在ではSCOAや玉手箱（C-GAB），TG-WEBなどもテストセンターがあります。

SPI，SCOA以外にもいろいろある採用テスト

玉手箱 (C-GAB)	日本エス・エイチ・エル（SHL 社）が販売している適性検査。能力テストと性格テストで構成されている
TG-WEB	ヒューマネージ社が販売している自宅受験型の WEB テスト。難易度が高い問題が出題されることが特徴
TAL	質問形式と図形貼付形式の 2 つの項目から構成されている適性検査

▶ テストセンター受験の注意点

　テストセンターを受ける場合，ペーパーテストのSPIと違い，気を付けるべきことがあるので確認しましょう。

（1）自分が受験するテストを確認しよう

　一口に「テストセンター」といってもSPI，SCOA，玉手箱，TG-WEBのそれぞれにテストセンターがあります。まずは，受験先からどのテストセンターを受験するように言われているかを確認しましょう。

（2）申し込みは早めに行う

　多くの人が利用する分，テストセンターはとにかく混みます。受験先が指定する期限ギリギリに受けようとすると，そもそも予約が取れずに

受けられない可能性もあります。早めに予約をし，しっかりと対策をしてテストに臨みましょう。

（3）性格検査は自宅で受験する

テストセンターでの受験を予約するには，先に自宅で性格検査を受験する必要があります。

性格検査が完了するまでは，テストセンターの予約も完了できないようになっています。また，性格検査そのものにも締め切りがあり，それを過ぎるとテストセンターでの受験もできなくなるので，注意が必要です。

（4）受験票と身分証を忘れずに

テストセンターでは，受験前に受験票と身分証（学生証など）を提示する必要があります。

会場に向かう前に必ず確認しましょう。また，受験票は自分で印刷をしておく必要があるため，準備をしておきましょう。

（5）制限時間に注意しよう

テストセンターでは，「1問ごとに」制限時間が存在します。制限時間は，主に「画面の上方に存在する時計」と「下部に存在する色の帯」の2つで確認できます。緑からだんだん色が変わり，赤くなると時間切れです。気を付けてほしいのは，解答を選んでいなくても強制的に次の問題へ移ってしまうことです。わからなくてもどれかは選んでおきましょう。なお，SCOAでは1問ごとの時間制限はありません。

（6）1度進んだら戻ることはできない

テストセンターでは，速く解けたら「次へ」のボタンで次の問題に進むことができます。しかし，テストセンターはペーパーテストやWEBテストと違い，1度進んだら前の問題に戻ることはできないので気を付けましょう。

特に，1つの問題文に対して小問が2〜4問程度続く組問題は要注意です。問題文のところに「この問題は2問組です」と注意が出てはいま

すが，見落としてしまって，2問目を回答せずに「次へ」のボタンを押してしまうミスが多くみられます。

　なお，SCOAでは問題を飛ばしたり戻ったりすることができます。また，一覧から任意のページに移ることも可能です。

（7）1度受けたら他の会社でも使える

　1度テストセンターを受験すると，その結果を他の企業にも提出することができます。さらに勉強して受験し直すこともでき，どちらにするかを自分で選べるのが特徴です。気を付けてほしいのは，受験し直した場合，以前の結果は消去されるため，結果が悪くなったとしても新しいほうを企業に提出しなくてはなりません。

 ## テストセンターの勉強方法

（1）試験対策はペーパーテストと同様

　テストセンターは，SPIの場合，言語・非言語ともに試験範囲の中から広く出題されます。

　そのため，基本的な対策は本書のような対策本でしっかりと理解して問題を解く練習をすることです。

　SPIのペーパーテストとの違いは，「物の流れと比率」「領域」が出題されず，逆に「割合」「長文・資料の読み取り」と「文章整序」が出題されるところです。

（2）制限時間に気を付けよう

　多くの人がSPIのテストセンターを受験した際に，焦って実力を出し切れずに終わってしまいます。その理由は1問ごとに制限時間があり，1度次の問題に進んだら戻れないシステムになっているからです。

　テストセンターを受験する人もほとんどが対策本を買って練習をします。そのため，自分で練習をするときと本番とのギャップで焦ってしまうのです。

（3）制限時間に慣れる

　上記のようにテストセンター（SPI）の対策では，1問ごとの制限時間に慣れていくことが大切です。たとえば「1分以内に解かなければならない」といわれたときに，1分がどれだけの長さかを体感的にわかっていたり，1分で自分がどれだけの計算ができるかをあらかじめわかっているだけでも気持ちが変わってきます。

　そのためには，練習の段階で1問ごとにタイマーを設定して問題を解いていくことが効果的です。テストセンターを受験しない人にもおすすめです。

> 時間をはかりながら，問題を解くのは，自分がどのタイプの問題に時間がかかるのかもわかるので，おすすめだにゃ

テンポよく解くことが必要

テストセンターのSPIは試験範囲が広く，なかには難しい問題も出題されます。しかし，覚えておいてほしいのは合計の点数で合否が決まるということです。つまり，解ける問題をどれだけたくさん解けるかが重要になります。練習段階でも難しい問題ばかり解くのではなく，解ける問題を確実に増やしていく必要があります。当然，まったく同じ問題は出題されないため，1つ1つの基本となる考え方を知り，違う聞かれ方をしても解けるようにしていきましょう。

WEB テスト受験のポイント

WEB テストとは

　WEBテストとは，SPIやSCOAなどの試験を自宅のパソコンやスマートフォンで試験を受ける方式のことです。近年ではほとんどの人がスマートフォンかパソコンを所有しているのと，感染症への配慮などから採用する企業や自治体が増えています。ここではSPIのWEBテスティングサービスを中心に解説しています。SCOAのWEBテストは，現在，性格検査のみとなっています。

　まず受験先からWEBテストを受験する旨の連絡があり，指定された期間内に試験を受けることになります。

WEB テスト受験の注意点

　WEBテストは自宅で受験できるため，服装も自由でリラックスした状態で受けられる反面，次のようなWEBテストならではの注意点もあります。

（1）WEBテストならではの科目がある

　WEBテストでは，ペーパーテストやテストセンターでは出題されない範囲から出題されることがあります。SPIではその代表例が非言語の「推論（整数）」です。方程式など，基本的な数学の知識が求められます。本書では推論（整数）も扱っているため，WEBテストを受験する人はぜひ解いてみましょう（→P.142）。

（2）電卓の使用が可能

　WEBテストでは，計算の際に電卓を使用することができます。計算が得意でない人にはありがたいですが，その分気を付けなければならないこともあります。

　電卓は計算の過程が残らないため，複数の計算が必要な問題では計算

結果をメモしていないと忘れてしまいます。普段電卓を使い慣れていないとその癖はつかないため，受験前に実際に電卓を使って，ある程度問題をといておいたほうがいいでしょう。

(3) 選択式の問題ではないことが多い

　ペーパーテストやテストセンターとの大きな違いは，選択式の問題ではないことが多いところです。解答するときは選択肢を選ぶのではなく，解答欄に直接答えを入力する必要があるということです。特に注意をしてほしいのは，小数点の位置などを間違えやすい人です。

　自分の答えと選択肢の数字を見比べることができないため，小数点が答えにある場合は念のため確認をしてから入力しましょう。

(4) パソコンやスマホの状態を確認しよう

　自身が所有しているパソコンやスマホで受験をするため，動作が重くなり，試験中に止まってしまうことも考えられます。

　不要なファイルを削除したり，立ち上がっているほかのアプリケーションなどを閉じたりして，できるだけパソコンやスマホに負荷をかけないような状態で受験することを心がけましょう。

(5) 受験時期は余裕をもって

　よく「期日のギリギリまで勉強をしてから受けよう」と考える人もいますが，指定期間の終了間際は多くの人が受験することからアクセスが集中し，思ったように受験できないこともあります。少し余裕をもって受験することをおすすめします。

> ペーパーテストやテストセンターで受ける SPI と比べて問題の傾向が異なるため注意が必要なんだにゃ！

▶ 起きやすいトラブル例

(1) 通信環境が悪い

WEBテストのトラブルで多いのが，通信環境によるものです。通信の速さ自体は自宅の通信環境によって左右されてしまうため，事前説明をよく読み，自宅の通信環境が基準を満たしているかを確認しましょう。また，家族や友人と同居している場合は，同居人と同時に使用すると通信速度が落ちることもあるため，事前に同居人に試験時間を伝えるなどしておくとよいでしょう。

さらに気を付けてほしいのは，カフェなどのフリー Wi-Fiを使用して受験をする場合です。

フリー Wi-Fiは突然通信が切れてしまったり，一定時間ごとにログインが必要な設定がされていることがあります。フリー Wi-Fiを使用しての受験は，控えるのが無難といえます。

(2) パソコンの戻るボタンは押さない

WEBテストでは，1度進むと前の問題に戻ることはできません。よく起きるパターンが，焦ってブラウザの戻るボタンを押してしまうことです。前の問題には戻れず，エラーになってしまう可能性もあります。焦ったり，トラブルが起きたりした際にも，パソコンの戻るボタンは押さないように心がけておきましょう。

(3) 困ったらヘルプデスクに相談しよう

WEBテストには，ヘルプデスクが存在します。パソコンや通信環境の問題で，どうしてもエラーになってしまった場合などは，焦らずにヘルプデスクに相談してみましょう。試験の途中から再開できた例もあります。

第2章

受験案内の読み解き方

受験案内から試験種目を判断する方法

受験案内に「SPIを実施」などと書かれていればよいのですが，実際にははっきり書かれていないところが多数です。一般的な公務員試験（Light試験も含む）か，SPIかSCOAかを，どうやって判断すればよいでしょうか？　本章では，その判断の参考になる方法をお伝えします。

方法1：受験の方式で見分ける方法

受験の方式には，大きく分けてペーパーテスト，テストセンター，WEBテストの3つがあります。

公務員試験の場合は，大部分がペーパーテストとなります。そして次に多いのがテストセンターです。WEBテストについては，令和2年度は感染症対策のため増えました。

この方法のポイント

もし，予定している公務員試験の方式が自宅で受験するタイプのWEBテストであれば，SPIかSCOAの可能性が高くなります。同様に，テストセンターで事前に受けてくる場合は，SPIかSCOAの可能性が高いです。一方，当日に会場で試験を受けるペーパーテストでは何の試験か判断できません。

方法2：試験名で見分ける方法

次は試験の試験名で見分ける方法です。

教養試験	一般の公務員試験かSCOAなどの可能性が高い
基礎能力試験	SCOAの可能性が高い。他の試験の可能性も
総合能力試験	SPIの可能性が高い。SCOAの可能性も
事務能力試験	SCOAの可能性が高い。他の試験の可能性も
特別な対策は必要ありません	SPIの可能性が高い（SCOA，Light，社会人基礎試験においてもこう書かれることも）

この方法のポイント

　確実な見分け方とは言えませんが，こちらも教養試験というキーワードがあった場合は，SPIの試験ではない可能性が高いです。逆に，特別な勉強は必要ありませんと書いてある場合はSPIの可能性が高いです。なお，教養試験が課されていてなおかつ事務能力試験が課されている場合は，公務員試験独特の適性試験（→P.270）である場合もあります。

 ## 方法３：試験時間で見分ける方法

　次は試験時間で見分ける方法です。ある程度は精度が高い判断基準となります。

60分の試験時間	SCOAの可能性が限りなく高い
70分の試験時間	SPIのペーパーテストの可能性が高い
75分の試験時間	公務員試験（Lightタイプ）の可能性が高い
90分の試験時間	社会人基礎試験の可能性が高い
120分の試験時間	一般の公務員試験のタイプ（Standard，Logical）

この方法のポイント

　60分の試験時間の場合はSCOAの試験の可能性が限りなく高いです。70分，75分，90分は可能性の１つとして判断します。120分や150分などの場合は，一般の公務員試験の可能性が高いです。

 ## 方法４：問題数で見分ける方法

40問の場合	一般の公務員試験のタイプ（Standard，Logical）
60問の場合	公務員試験（Lightタイプ）の可能性が高い
70問の場合	SPIのペーパーテストタイプの可能性が高い
75問の場合	社会人基礎試験の可能性が高い
120問の場合	SCOAの可能性が限りなく高い

この方法のポイント

　120問の場合はSCOAの可能性が限りなく高いです。40問などの問題数が少ない場合は，一般的な公務員試験のタイプが多いです。一方，60問・75問の場合は，SCOAでも一般的な公務員試験でもない可能性

が高いです。なお，30問と書かれている場合は新教養試験（Standard，Logical，Light）以外の公務員試験または専門試験を指している可能性が高いです。ただ，試験の問題数まで明記してくれている受験案内は少ないのが実情です。

方法5：試験内容で見分ける方法

　最もスタンダードなアプローチですが，試験の内容を書いてない受験案内は少ないため，確実性の高い方法です。

「言語」「数理」「論理」「常識」「英語」と5つの項目で構成されている	ほぼ確実にSCOAであると判断される
「社会に関しての関心や基礎力・常識的な知識，言語能力・論理的な思考力を測定する問題」	公務員試験のLightタイプや，社会人基礎試験の可能性が高い
「言語的理解，論理的な思考，数量的処理に関する能力」	SPIの試験の可能性が高い。なかには，英語がオプションでプラスされることがある
「時事，社会，人文及び自然に関する一般常識並びに文章理解，判断推理，数的推理及び資料解釈に関する試験」	通常の公務員試験タイプに近い（従来型，Standard）。「自然に関する一般常識」という記述から理科などの科目も出題されると判断できる
「時事，社会，人文並びに文章理解，判断推理，数的推理及び資料解釈に関する試験」	通常の公務員試験タイプに近い（Logical）。「自然に関する一般常識」という記述がないことから判断できる

この方法のポイント

　それぞれの試験における独特な言い回しやポイントがあります。たとえば，SCOAの場合は5つの項目で構成されています。公務員試験系の場合は，時事的な項目が必ずあります。また，自然に関する知識＝つまり理科の科目があるなども判断の基準となります。SPIの試験の場合は3項目程度の説明で説明の項目が少ない傾向があります。

　以上の方法は，単独では信頼性が低い情報ではありますが，複数の項目が該当する場合は，信頼性の高い判断基準になります。

試験タイプの分類表まとめ

（○＝可能性高い，△＝可能性はある，×＝可能性は低い）

		公務員試験系	SPI	SCOA
試験形式	（自宅）WEB型	×	○	○
	（事前）テストセンター	×	○	○
	（会場）当日	すべての可能性	すべての可能性	すべての可能性
試験名	教養試験	○	×	△
	基礎能力試験	△	△	○
	事務能力試験	△	△	○
	特別な対策は不要	×	○	×
試験時間	60分	×	×	○
	70分	△	○	×
	75分	○（Light）	△	×
	90分	○（社会人基礎試験）	△（英語ありだと）	×
	120分	○	×	×
問題数	40問	○	×	×
	60問	○（Light）	×	×
	70問	×	○	×
	75問	○（社会人基礎試験）	×	×
	120問	×	×	○
試験内容	5項目：英語あり	△	×	○
	時事，理科系の記述あり	○	×	△
	教養試験の記述あり	○	×	△
	3項目程度で簡潔な説明	×	○	×

※上記の調査結果は猫の手ゼミナール独自の調査結果となります。
確実に，この試験であるとは断定できないので，あくまで1つの参考としてください。

▶ 試験タイプの見分け方

　では，実際の公務員試験の受験案内を使って，何の試験か予想してみましょう。

例1 鹿児島県出水市職員採用試験の受験案内（平成28年度）

　下記の情報は，平成28年度の出水市職員採用試験の受験案内から引用したものになります。

第1次試験

試験区分	試験科目		内容
一般事務職 （区分A，B）	基礎能力 検査 （60分）	区分A	大学卒業程度で，基礎能力を「言語」「数理」「論理」「常識」「英語」の5尺度により，素質的なものと学習されたものとの全体としての知的能力をみます
		区分B	高等学校卒業程度で，基礎能力を「言語」「数理」「論理」「常識」「英語」の5尺度により，素質的なものと学習されたものとの全体としての知的能力をみます
	事務能力検査 （約50分）		事務能力に必要な，「照合」「分類」「言語」「計算」「読図」「記憶」の6つの能力により特徴をみます
	パーソナリティ検査 （約35分）		職務遂行に必要な心理特性をみます
	個別面接試験 （約5分）		本市職員としての適性，能力，人柄及び性格をみます

（鹿児島県出水市職員採用試験の受験案内（平成28年度）をもとに作成）

　ポイントは，「試験時間」と「試験内容」の2つになります。

（1）試験時間で見分ける

　60分という基礎能力検査（能力試験）の試験時間は，SCOAに特徴的な時間です。SPIやLight試験の場合は，70分や75分と記載される可能性が高いので，この場合はSCOAであると推測できます。

(2) 試験内容で見分ける

「言語」「数理」「論理」「常識」「英語」の5つの項目を測定すると書いてある場合は，SCOAの試験であると判断できます（→P.28）。

例2 福岡県築上町職員採用試験の受験案内（平成30年度）

試験区分		試験の科目及び出題分野
事務職A・B・C・D	教養試験 （75分）	社会についての関心や基礎的・常識的な知識，職務遂行に必要な基礎的な言語能力・論理的思考力を検証する問題
	事務適性検査 （10分）	事務職員としての適応性を，正確さ迅速さ等の作業能力の面からみる
	作文試験 （80分）	文章による表現力，課題に対する理解力等の能力についての作文試験
	集団討論	人柄等について集団討論による試験
	面接試験	職員としての必要な素質，適性についての個別面接による試験

（福岡県築上町職員採用試験の受験案内（平成30年度）をもとに作成）

　ここでは，具体的な問題数の情報がありませんでした。しかし，内容の部分で，「社会についての関心や基礎的・常識的な知識」および「言語能力・論理的思考力を検証する問題」と記載されています。これは，公務員試験の中でもLight試験の特徴といえますので，Light試験で間違いないでしょう。

> **！ まとめ**
>
> - 社会への関心と理解，言語的な能力，論理的な思考力という3つの出題分野が書いてあった場合は，SPIではなく，Light試験の可能性が高い。
> - 「言語」「数理」「論理」「常識」「英語」の5つの項目の場合はSCOAの可能性が高い。
> - 70分前後の能力試験で，特別な対策は必要ないと書いてある場合はSPI試験の可能性が高い。

上手に併願するための学習のコツ

　受験するテストの種類が多く，何から対策をしたらいいかがわからないという人は，各テストで共通して出題される科目から勉強をしていくのも1つの方法です。

▶ 非言語分野

　まずは学習の範囲を整理してみましょう。SPIやSCOAに共通する非言語（計数問題）分野は公務員試験の数的推理に該当します（一部は資料解釈や判断推理などで重複する部分もあります）。この分野の特徴は基本的には中学や高校範囲の数学での学習内容です。

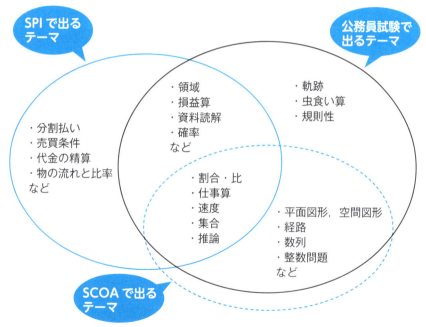

※公務員試験は判断推理，数的推理の範囲をもとにしています。数学に
　分類される科目はいれていません。

　自分が受ける試験の情報がまったくわからない時は，3つの試験で出題される「割合・比，仕事算，速度，集合，推論」から始めるとよいでしょう。

▶ 社会・理科・英語

　公務員試験の社会や理科の科目の難易度は高校のレベルに相当し，SCOAの理科や社会は中学～高校前半のレベルに相当します。そのため，学習の際は公務員試験の理科や社会の学習を中心に行いましょう。

　公務員試験の英語は，SCOAの英語に比べて難しい傾向があります。一方でSPIで英語のある場合は，TOEICなどに似た問題が出題される傾向にあります。公務員試験とSCOAでは社会や理科などの科目や英語は共通しているため，基本的なことから学習をやり直しましょう。

▶ 勉強の進め方

（1）SPI・SCOAで公務員試験を受けようと考えている人

　SCOAには，一般の公務員試験と同様に理科や社会の学習項目があるため，学習の相関が高いですが，SPIには理科や社会がないため，学習の相関が低いです。そのため，公務員試験を受ける前提で考えている人はSCOAをメインにして一般の公務員試験の学習も行いましょう。その後，ある程度の対策ができてからSPIの試験対策を行うことをおすすめします。一方でSPIをメインに学習する方は，民間の試験の併願などを視野に入れて学習をするほうがよいでしょう。

（2）一般の公務員試験を受けるのがメインだが，SPIやSCOAのところも受けようと考えている人

　一般の公務員試験をメインで受けようと思っている場合は，「公務員試験の学習を最優先」にしましょう。なぜなら，公務員試験のほうが受験できる役所も多くあり，試験の難易度もSCOAやSPIに比べて難しいためです。SCOAの社会や理科の問題は公務員試験の社会や理科の問題を簡単にした問題なので，対策が容易です。一方でSPIは難易度は高くありませんが，ある程度の問題演習は必要です。公務員試験の対策を中心に学習を行い，その後，SCOAの対策，そして，試験の1～2週間ほど前からSPI向けの対策を短期で行うほうがよいでしょう。

併願するうえでの注意点

　公務員試験を受ける人の中には，SPI・SCOAで公務員試験を受けようと考えている人と一般の公務員試験をメインに考えている人の2パターンがあるのではないでしょうか。一般的な公務員試験とSPI・SCOAでの公務員試験の併願には，次のようなコツがあります。

注意点1　市役所は試験日程によって試験のレベルが違う

　公務員試験の日程は，民間の試験に比べて比較的，遅い傾向にあります。特に，地方自治体（市役所）の場合は，日程に大きな違いがあります。

公務員試験（市役所）一次試験（筆記試験）の日程パターン

A日程	6月中旬～下旬の日曜日
B日程	7月中旬～下旬の日曜日
C日程	9月中旬～下旬の日曜日
D日程	10月中旬～下旬の日曜日

※年度により変化する可能性があるので，各自で必ず確認をする。

①A日程の特徴

　県庁所在地にある市などの比較的大きな市は，A日程が多いです。教養試験，専門試験ともに地方上級（全国型）すなわち県庁の筆記試験と同じ問題を含んでいます。筆記試験の問題自体の難易度は県庁レベルと同じということです。市役所の筆記試験においては，他の日程よりも難易度が高い傾向にあります。一次試験の実施日も道府県庁の一次試験と同じ日に行われることが多いので道府県庁とA日程の市役所を併願することはできません。

　民間メインの志望者がSPIの自治体を探す場合は，難易度から考えると基本的にはA日程以外の日程から志望する自治体を選ぶほうが安全です。B，C日程を中心に受験をしていきましょう。

②その他の日程の特徴

　全国の市役所で最も多くの市が，C日程で試験を行っています。

　B日程，C日程，D日程は教養試験と専門試験の両方が課される自治体もあれば，教養試験だけ課される自治体，教養試験と論文試験が課される自治体もあります。ただし，A日程に比べて試験が簡単な場合も多くあり，SCOAやSPIを導入している自治体も多いため，SPI・SCOAでの公務員受験を考えている人は，こちらの日程の試験を中心に考えていきましょう。一般的な公務員試験をメインに考えている人が受けても対応できます。

注意点2　SPIを導入している自治体は競争率が高い

　採用試験にSPIを使用している自治体は，民間を志望している人が一定数，受験することが予想されるため，応募者が多い傾向にあり，競争率が高いのが特徴です。

　一般の公務員試験の競争率は3～8倍程度なのに対して，SPIが導入された試験の場合は10倍を超えることが珍しくなく，場合によっては50倍，100倍などということもありえます。

　もし採用試験の実施日までに余裕があるようでしたら，SPI受験だけを考えるのではなく，一般の公務員試験の受験も視野に入れたいところです。一般の公務員試験を受験できるようになれば，進路の選択肢は増えますし，合格の可能性も上がります。

SPIを使用している自治体の例

気仙沼市役所，柏市役所，飯田市役所，京都府庁，大阪府庁，大阪市役所，吹田市役所，岡山県庁，春日市役所など

※受験年度によって試験の種類が変わることがあるため，受験依頼のメールや自治体HP等で必ず確認する。

注意点3　SCOAを導入している自治体を併願する

　SCOAと公務員試験は，類似点が多いのが特徴です。そのため，公務員試験の学習を中心にしている人が，SCOAを導入している自治体の試験を受験すれば，相対的に，学習としては有利に進めることができます。

　民間の志望者で，SCOAの対策までやっている人は少ないのが実情です。そのため公務員志望者は，SPIよりもSCOAを導入している自治体の受験をするほうが有利となります。

　SCOAは，公務員試験とは共通している範囲が多いため，B日程やC日程だけでなく積極的にA日程などの受験も視野に入れてSCOAを実施している自治体を探すとよいでしょう。

注意点4　学習内容の違いを再確認

　SPIと公務員試験・SCOAには，大きな違いがあります。従来の公務員試験対策をしていたけれども，受験先がSPIだった場合は，スピードや頭の回転の速さを要求するSPIの問題に対応できるよう，市販の問題集などを利用してスピードを意識しながら演習をしましょう。受験先がSCOAだった場合も，SPIの時と同様に処理スピードを意識することが重要です。英語の場合はSCOAの試験では発音問題や英会話形式の会話文問題が出題されることもあるので，個別に対策を行いましょう。

　なお，公務員試験では論文や面接試験があります。民間の集団討論の面接とは基準も異なるので，「公務員試験対策」の参考書などを購入し準備しましょう。

> 公務員試験の併願では，自分が何を優先するか考えることが重要だにゃ！

第3章

計数（非言語）
問題

【計数（非言語）問題の特徴と出題範囲】

　本章では，SPIを中心に，SCOA，公務員試験での出題傾向や対策を解説していきます。

出題範囲・頻出度まとめ

分野	頻出度		
	SPI	SCOA	公務員試験
割合・比	★★★	★★★	★★★
損益算	★★	★	★
売買条件	★★	★	★
代金の精算	★★	★	★
分割払い	★★	★	★★
仕事算	★★	★★	★★★
速度	★★★	★★	★★★
旅人算	★★★	★★	★★★
順列・組み合わせ	★★	★	★★
確率	★★★	―	★★
集合	★★★	★★	★★
資料読解	★★	★	★★★
領域	★	★	―
表計算	★★★	★	★★
推論・整数	★★★	★★	★★★
推論・論理	★★★	★★	★★★
推論・対応関係	★★★	★★	★★★
推論・勝敗関係	★★	★	★★★
推論・順位関係	★★	★★	★★★
推論・位置関係	★★	★	★★★
物の流れと比率	★★	―	―

出題の傾向と対策

SPI

　「割合・比」「確率」は頻繁に出題されるので，対策は必須となります。「推論」はほぼすべてのテーマが出題されます。推論にはこれだけ覚えたら大丈夫という公式はありませんが，おおよその解き方はあります。本書の例題を解いて勉強しましょう。なお，テーマによっては「ペーパーテストでは出題されるが，テストセンターでは出題されない」など，試験の方式によって傾向が違っているので注意してください。

SCOA

　「数理」と「論理」のそれぞれのテーマで出題されます。SPIとの違いは図形の出題率が高いことです。図形は「組み立てたらどうなるか」「切ったときの断面がどうなるか」といった問題が多いです（→第5章）。「速度」「旅人算」「割合（主に濃度）」は比較的よく出題されます。

公務員試験

　公務員試験の教養試験では，「数的推理」「判断推理」「資料解釈」と「数学」の4つの分野から出題されます。「数学」は高校の基礎・標準レベルの問題が出題されます。特に1・2次関数に関する問題は頻出となっています。「判断推理」では推論が出題されやすく，「数的推理」では速度・割合などの文章題と整数問題が出題されやすいです。

各試験共通のポイント

　ほとんどの場合，解法のパターンは1つではありません。問題文を読んだときにどのパターンで解けばよいのかがすぐに思いつくようになるためには，事前に同様の問題を繰り返し解いて，公式や解法のパターンに慣れておく必要があります。また，答えを出すときに「可能性のない選択肢は消す」「計算問題は小数（または分数）で計算する」など，事前にルールを決めておくと迷う時間が少なくなります。

割合・比

SPI ★★★　SCOA ★★★　公務員 ★★★

▶ 出題の傾向と対策

割合・比は，全体を1として考える。割合の表し方には，%，小数，分数がある。これらの違いを理解し，瞬時に互いに変換できるようにしておく。

- ● SPIだけでなく，SCOA，一般的な公務員試験のほか，Lightや社会人基礎試験でも頻出テーマになっている。
- ● 公務員試験では，特に濃度の問題が近年出題されやすい傾向にあるので，チェックしておく。

濃度の問題はSCOAでも公務員試験でもよく出るので，P.58を確認してみるにゃ！

▶ 問題はこう解く！

◉ %から分数，小数への変換に慣れる

問題文中には，ある割合が「%」で表されていることが多い。計算するときには「%」を小数や分数に直す必要があるので，すぐに変換できるように慣れておく。変換するときには，ケタの扱いに気をつける。

$$10\% = 0.1 = \frac{1}{10} \qquad 1\% = 0.01 = \frac{1}{100} \qquad 37\% = 0.37 = \frac{37}{100}$$

●「全体のA%のうち，さらにその中のB%」の意味をつかむ

問題では，あるグループ全体のうちA%が○○で，さらにその中の
B%が△△といった記述が頻出する。この意味を正しく理解する。
具体的ケースで見てみよう。

S大学の学生のうち，60%がサークルに入っていて<mark>そのうち20%</mark>が
フットサルサークルに入っているとする。フットサルサークルに所属
する学生は<mark>全体の何%</mark>になるか？
図にすると以下のようになる。

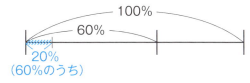

図の青い部分，<mark>「60%のうち20%」の学生全体に対する割合</mark>を求めたい。
ここで使えるのが次の計算式だ。

$$\frac{A}{100} \times \frac{B}{100}$$

Aがサークルに入っている学生の割合。Bはそのうちのフットサルサ
ークルに所属する学生の割合として計算する。
A＝60，B＝20なので，

$$\frac{60}{100} \times \frac{20}{100} = \frac{12}{100}$$

よって，フットサルサークルに所属する学生は，全体の12%だとわかった。
このように，ある部分に対する割合と全体に対する割合を整理して理
解しておく。

👆 最重要 ポイントはここ！

● %は小数か分数に直して計算する…10%＝0.1＝$\frac{1}{10}$

● 全体のA%のうち，さらにその中のB%…$\frac{A}{100} \times \frac{B}{100}$

▞ 例題 1 残りの量を求める問題

Aさんは数学の課題に取り組んでいる。月曜日に全体の40％を終わらせ，火曜日に残りのうち70％を終わらせた。残っているのは全体の何％か。

1　15%　　　2　16%　　　3　17%　　　4　18%

5　19%　　　6　20%　　　7　21%　　　8　22%

9　1〜8のいずれでもない

▞ 解答・解説

解法の カギ　図を描いて全体像をつかむ

●火曜日に終わった量の全体に対する割合を求める

まずは，問題文でわかっていることを図にしてみるとわかりやすくなる。

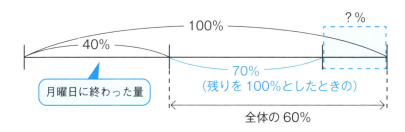

火曜日に進めた量が <mark>全体の何％</mark> になるかがポイントとなる。月曜日に40％を終わらせているから，全体の残りは60％である。「火曜日に残りのうち70％を終わらせた」ということは，「全体の60％のうち，70％を終わらせた」ということだ。

●**月曜日と火曜日の進めた量を合計**

全体のA%のうち，さらにその中のB%という問題で使える計算式を使う。

$$\frac{A}{100} \times \frac{B}{100}$$

Aが月曜日に終わった量を除いた全体の残り。Bが火曜日に終わった量として計算する。

$$\frac{60}{100} \times \frac{70}{100} = \frac{4200}{10000} = \frac{42}{100}$$

> 約分して分母が100になったら，分子の数字がパーセンテージを表す

これで火曜日に終わった量は，全体の$\frac{42}{100}$（42%）だとわかる。

月曜日に終わった量＋火曜日に終わった量＝40%＋42%＝82%となる。よって残りの量は以下のようになる。

  100 − 82 = 18（%）

残っているのは全体の18%，つまり正答は**4**となる。

正答：**4**

> ! **ワンポイントアドバイス**
>
> - AとBのパーセンテージを単純に足さないように注意する
> - 「全体のうち」「そのうち」などのキーワードに着目する

例題 2 濃度の問題

6%の食塩水800gと3%の食塩水400gを混ぜた。できあがった食塩水は何%になるか。

....

1　　4%　　　2　　4.5%　　　3　　5%　　　4　　5.5%

5　　6.5%　　　6　　7%　　　7　　1〜6のいずれでもない

解答・解説

 解法の カギ　溶けている食塩の量と食塩水全体の量から濃度を割り出す

●濃度の違う食塩水の計算に注意

割合の問題では，濃度の違う食塩水を混ぜたら何%になるかという形式もよく出題される。最初は難しく感じるかもしれないが，1度覚えてしまえば解きやすいので，マスターしておくことが必要だ。

よくある間違いは，「6%と3%を足すので9%」もしくは平均だから「(6＋3)÷2＝4.5(%)」というもの。このような考え方をしないように気をつける。

●それぞれの食塩の量を算出して合計する

この問題を解くポイントは，「何gの食塩が溶けているか」に着目することである。

それぞれの食塩水を見てみよう。

「6%の食塩水800g」とは，食塩水全体の重さ800gのうち，6%が食塩という意味だ。800gのうち6%だから，溶けている食塩の量は次の式で求められる。

$$食塩の量 ＝ 800 \times \frac{6}{100} ＝ 48 (g)$$

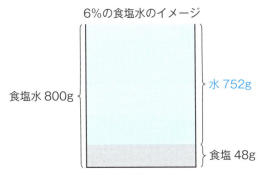

では、400gのうち3％では何gになるか。

食塩の量 $= 400 \times \dfrac{3}{100} = 12\,(g)$

3%の食塩水のイメージ

食塩水 400g
水 388g
食塩 12g

濃度の違う食塩水を混ぜてできあがった食塩水全体の重さは、
800g ＋ 400g ＝ 1200 (g) となる。
溶けている食塩の重さは、48g ＋ 12g ＝ 60 (g) となる。
食塩60 g が食塩水全体1,200 g のうち、何％かを求める。

$60 \div 1200 \times 100 = 5\,(\%)$

正答：**3**

> ❗ **ワンポイントアドバイス**
>
> 食塩水の濃度を求めるには、次の式を使って計算する。
> **食塩の量÷食塩水全体の量×100＝濃度（％）**

SPI ★★　　SCOA ★　　公務員 ★

2 損益算

▶ 出題の傾向と対策

損益算は，「300円で仕入れたものを，500円で売ったら200円の利益が出た」というように，お金の計算をしていく問題である。

問題を解くうえでのキーワードは，「原価（仕入れ値）」「定価」「利益」の3つ。この3つの関係を理解できれば，問題文が複雑でも式が作れる。求められているのはこれらのうち，どれかに注意しよう。

問題に「原価の30％」などと書かれている場合は，下のような図を自分で描いて整理するとわかりやすい。

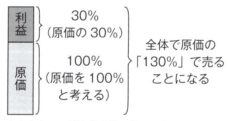

これを右ページの公式①に当てはめる

- SPIでは利益の具体的金額を伏せて出題されることが多い。
- SCOAでは，ほとんど出題されないため，特別な対策は必要ない。
- 一般の公務員試験では，地方上級・東京都の試験では比較的出題されやすく，市役所の試験では出題頻度は低い。
- 一方で，Lightや社会人基礎試験では出題頻度は高い傾向にある。
- 公務員試験では，割合や連立方程式の文章題として出題されることが多い。

▶ 問題はこう解く！

● 原価を100として公式に当てはめる

たとえば，帽子屋が2,000円で仕入れた帽子を2,000円で売ったらもうからないので，実際に売るときは仕入れ値（原価）に自分の利益をプラスする。自分の利益が500円だとすると，2,500円で売ることになる。つまり，「仕入れ値（原価）＋利益＝定価」となる。

たとえば，利益が「原価の30%」である場合は，原価を100%としたときに，その30%分をプラスして全体で「原価の130%」で売るということを意味する。公式に当てはめて整理すると，下のようになる。

帽子の原価　　　　利益率は30%

$$定価 = \frac{2000 \times (100 + 30)}{100}$$

$$= 2000 \times 1.3$$

$$= 2600$$

定価は2,600円と出すことができる。

👆 (最)(重)(要) ポイントはここ！

● 原価・利益・定価の意味を理解する

原価…商品を仕入れたときの金額。仕入れ値ともいう。

利益…もうかった金額。原価よりも高く売れた分が，売り主の利益になる。原価よりも安く売ったら赤字になる。

定価…商品の通常の売値のこと。値引きなどはしていない状態。定価＝原価＋利益になる。

● 公式を押さえる

$$①定価 = \frac{原価 \times (100 + 利益率)}{100}$$

$$②売値（割引後）= \frac{定価 \times (100 - 割引率)}{100}$$

■ 例題1　原価を求める問題

ある商品に原価の36%の利益を上乗せして5,440円の定価をつけた。この商品の原価はいくらか。

1	1,500 円	2	2,000 円	3	3,500 円
4	3,700 円	5	4,000 円	6	4,200 円
7	4,300 円	8	4,500 円	9	1 〜 8 のいずれでもない

■ 解答・解説

 解法の **カギ**　公式を使って求める

●わかっている数字を公式に当てはめる

この問題は，「原価」がいくらなのかを問われている。定価がわかっているので，63ページの原価・利益・定価の関係を表す公式①に当てはめることができる。

$$\frac{原価 \times (100 + 利益率)}{100} = 定価$$

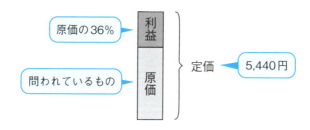

●原価を x として値を計算する

わかっている定価5,440円と利益率36%を公式に当てはめる。わかっていない原価は，xとして計算する。

$$\frac{x \times (100 + 36)}{100} = 5440$$

> この時点では約分はしないほうが計算しやすい

$x \times 136 = 544000$

$x = 544000 \div 136$

> 両辺に100をかけて分母をなくす

$x = 4000$

したがって原価は 4,000円 となる。

正答：**5**

! **ワンポイントアドバイス**

問われているのが何なのかに注意する

問われているものによって，次のどちらかの公式が使える。

①原価，定価を求めたいとき

$$定価 = \frac{原価 \times (100 + 利益率)}{100}$$

②利益を求めたいとき

$$利益 = \frac{原価 \times 利益率}{100}$$

■■ 例題2　利益を求める問題

ある商品に原価の40％を上乗せして，定価をつけたところ1,120円になった。この商品の1個当たりの利益はいくらか。

1 290円	**2** 320円	**3** 440円	**4** 460円
5 700円	**6** 740円	**7** 800円	**8** 820円

9 1〜8のいずれでもない

■■ 解答・解説

**解法の
カギ** x を使って方程式を作る

●求めたい数値を x とする

「原価」「定価」「利益」の関係をまとめると，次のようになる。

$$\frac{原価 \times (100 + 利益率)}{100} = 定価$$

この式に，すでにわかっている数値を当てはめ，わかっていない数値は x として計算すれば求めたい数値がはじき出される。

●わかっている数値を公式に当てはめる

「原価の40％の上乗せ」とは原価を100％として，その40％を原価にプラスした値段で売る，ということだ。

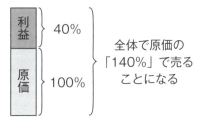

全体で原価の「140％」で売ることになる

これを式にすると，次のようになる。

$$\frac{原価 \times (100 + 40)}{100} = 定価$$

①今回は定価が1,120円とわかっているので，これを当てはめ，わかっていない原価を「x円」としよう。

$$\frac{x \times (100 + 40)}{100} = 1120$$

> 求めたいもの（今回ならば原価）をxと置くと，スムーズに式が作れる

②まずは10で約分すると扱いやすい。

$$\frac{x \times 14}{10} = 1120$$

③ここで式全体（両辺）に10をかけると計算がしやすくなる。

$$x \times 14 = 11200$$

$$x = 800$$

④原価は800円となり，ここから利益を求める。

$$\frac{800 \times 40}{100} = 320$$

> 利益＝原価$\times \dfrac{40}{100}$

したがって利益は320円となる。

正答：2

❗ ワンポイントアドバイス

- 難しく考えずに，シンプルに公式にわかっている数字を当てはめる
- わからない数字をxと置いて，計算する

ある商品に対して，原価の30%の利益を上乗せして販売した。しかし，売れなかったため2,000円の値引きをしたところ，500円の赤字となった。この商品の原価はいくらか。

1 4,500円　　**2** 5,000円　　**3** 5,500円　　**4** 6,000円

5 6,350円　　**6** 6,550円　　**7** 6,750円　　**8** 6,950円

9 1〜8のいずれでもない

解答・解説

解法の カギ 実際に売った値段を表す2つの式をイコールで結ぶ

●まず実際に売った値段を定価から割り出す

損益算では，xを使った方程式で解くことが多いが，黒字や赤字の要素が入ってもそれは変わらない。

この問題で求められているのは原価である。わかっていることは，定価から2,000円の値引きをして売ったところ，原価よりも500円安い値段だったということ。ここでは，実際に売った値段に注目する。

実際に売った値段は，定価の2,000円引きなので「定価−2,000円」となる。

まずは，定価を求める公式を使って，原価をxと置いた式を書いてみる。

$$定価 = \frac{x \times (100 + 30)}{100}$$ まずは公式を使って，定価を求める

$$実際に売った値段 = \frac{x \times (100 + 30)}{100} - 2000 \quad \cdots\cdots ①$$

●次に赤字分を原価から引いた額と対照させる

次に赤字と原価の関係を見ていく。ここでヒントになるのが500円の赤字というキーワードだ。「500円の赤字」とは，「原価（仕入れ値）よりも500円安く売ってしまった」ということなので，次のように表すことができる。

実際に売った値段 = $x - 500$ ……②

①実際に売った値段を表す2つの式①と②を，イコール（＝）で結ぶ。

$$\frac{x \times (100 + 30)}{100} - 2000 = x - 500$$

②両辺に100をかけて，計算しやすくする

$$130x - 200000 = 100x - 50000$$

③両辺に200,000を足し，$100x$を左辺に移動する

$$130x - 100x = 150000$$
$$30x = 150000$$
$$x = 5000$$

したがって原価は5,000円となる。

正答：2

! ワンポイントアドバイス

- 赤字は原価よりも安い金額で売っている
  実際に売った値段＝原価－赤字の額
- 黒字は原価よりも高い金額で売っている
  実際に売った値段＝原価＋黒字の額

3 売買条件

▶ 出題の傾向と対策

売買条件は，「たくさん買ったら割引してあげる」といった条件がついた取引に関する問題である。特にSPIでは，「△個を超えると□％割引」などのように，ある一定の数量を超えると，割引になるケースについての出題が多い。一見ややこしく見えるが，多くの問題は，それほどレベルが高くない。順を追って整理して対応できるようにしておくとよい。

- SPIでは，一定量を超えると割引になる場合の問題が出題されることが多い。
- SCOA，公務員試験では，出題されることは少ない。

▶ 問題はこう解く！

◉ 「定価で買った個数」と「割引価格で買った個数」を整理する

たとえば，1本150円のお茶を買ったとき，24本を超えた分は30％割引してくれるお店があるとする。このお店で30本買ったとしよう。「24本を超えた分を割引」ということは1〜24本目までは定価，25〜30本目の6本は割引価格で買ったことになる。

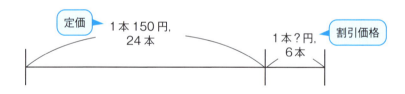

◉割引後の商品代金を計算する

「30% OFF」は，100%のうち30%を割り引くという意味。
1−0.3＝0.7，つまり定価の70%で買うということになる。割引された商品の価格は，次の計算で求めることができる。

> 割引率30%を小数にしたもの

割引後の価格＝150×(1−0.3)＝150×0.7＝105(円)

> 定価

◉合計金額を出す

最後に全部でいくら支払ったか合計金額を算出する。
全体の合計金額＝定価で買った金額(①)＋割引価格で買った金額(②)
である。今回の場合

150×24＋105×6＝3600＋630＝4230(円)

となる。
以上の手順で答えを求めていけば，決して難しくはない。説明のややこしさに惑わされず図を描いて頭を整理しよう。

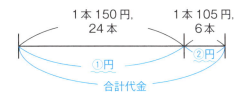

1本150円，24本 ｜ 1本105円，6本
①円 ②円
合計代金

👆 最重要 ポイントはここ！

●3つのステップで整理する

①「定価で買った個数」と「割引後の値段で買った個数」を整理

②割引後の価格＝定価×(1−割引率(小数))

> 2割引なら1−0.2＝0.8

③全体の合計金額＝定価で買った金額＋割引価格で買った金額

①→②→③の順番で考えて解いてく。

1個3,360円の商品があり，これを複数買う場合，21個目からは30% OFFになる。全部で52個買った時の合計代金はいくらか。

1	92,989円	2	98,789円	3	112,764円
4	120,357円	5	128,490円	6	132,870円
7	142,464円	8	152,364円	9	1〜8のいずれでもない

解答・解説

解法の カギ　定価の分と割引価格の分を分けて考える

●何個目からが割引価格になるかに注目

この種の問題では，まず何個目から割引になるかに注目する。

今回は21個目からが割引なので，1〜20個目は定価，21〜52個目は割引価格になる。

それぞれの個数を整理すると，

定価で買った個数→20個

割引価格で買った個数→32個

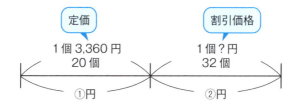

●それぞれの代金を計算して合計する

定価で買った分の代金は，

    3360 × 20 = 67200 (円) ……①

割引価格で買った分の代金は，次のように求められる。

30%OFFとは定価の70%の値段なので，割引後の1個当たりの値段は，

    3360 × 0.7 = 2352 (円)

これに個数をかけて，

    2352 × 32 = 75264 (円) ……②

となる。

それぞれの金額を合計すると，

    67200 + 75264 = 142464 (円)

となる。

したがって，合計代金は142,464円となる。

正答：**7**

> **ワンポイントアドバイス**
>
> ● 割引後の価格＝定価×（1−割引率）
>   （例）3割引→定価×（1−0.3）＝定価×0.7
> ● 1割は10%，3割引きは30%OFFのように，言い方が違っても
>   惑わされないようにする

➕➕ 例題2 定価を求める問題

ある遊園地は団体で入場すると，35人目以降の入場料が40%OFFになる。51人で入場したところ，代金は101,660円となった。もともとの1人当たりの入場料はいくらか。

1	1,400円	2	1,500円	3	1,600円
4	1,700円	5	1,750円	6	2,000円
7	2,150円	8	2,300円	9	1～8のいずれでもない

■■ 解答・解説

 解法の カギ 定価がわからないときは x と置いて計算する

●定価と割引価格のそれぞれの人数を整理する

1人当たりの入場料を求める問題。

まずは定価で入場したのが何人で，割引価格で入場したのが何人かを確認する。35人目以降が割引とのことなので，1~34人目までの34人は定価，35～51人目までの17人は割引価格となる。

●定価と割引価格のそれぞれの合計金額を求める

次にそれぞれの合計金額を出したいが，入場料の定価がわかっていないので，x と置いて計算する。

定価入場料の合計は，

$$34 \times x = 34x \text{（円）}$$

割引入場料の合計は40% OFFなので，

$$(1 - 0.4) \, x \times 17 = 0.6x \times 17 = 10.2x \text{（円）}$$

となる。

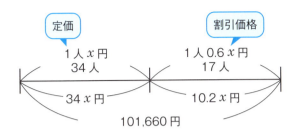

支払った合計金額が101,660円とわかっているので，もともとの1人当たりの入場料は次のように求められる。

34x + 10.2x =101660 (円)
44.2x =101660 (円)
x =2300 (円)

したがって，8の2,300円が正答となる。

正答：8

！ ワンポイントアドバイス

● 定価 (もとの価格) がわからない場合，xを使って式を作る
● 定価で買った合計金額＋割引価格の合計金額＝全体の合計金額を使って方程式を作る

4　代金の精算

▶ 出題の傾向と対策

代金の精算はさまざまな場面で必要になる。たとえば，パーティを開くので，買い出しに行く場合，Aさんは食べ物，Bさんは飲み物，Cさんはプレゼントというように，それぞれに担当を割り振った。担当になった人が代金を立て替えたまま精算しないと，各自が負担する金額が不公平になってしまう。そこで，買い物全体にかかった金額を，みんなで公平に負担するように精算する。それが「代金の精算」という分野だ。

- SPIはテストセンターとSPI-Aで出題されるが，SPI-U，SPI-GやWEBテストでは出題されない。
- SCOA，公務員試験で出題されることはほとんどない。

負担額が違うと不公平だにゃ！
公平に調整するにゃ！

▶ 問題はこう解く！

◉合計金額を人数で割り，平均負担額を出す

代金の精算は合計金額を人数で割って，1人当たりの平均負担額を出せばよい。すでに立て替えをしている人がいる場合は，<u>立て替えた金額との差額を徴収または返金して帳尻を合わせる</u>ことになる。

具体的なケースで解き方のポイントを押さえる。

左ページのパーティのケースでAさんが4,500円，Bさんが3,500円，Cさんが2,500円を立て替えたとする。かかった合計金額は，

4500 + 3500 + 2500 = 10500（円）

それを人数で割り，1人当たりの平均負担額を出す。

合計金額÷人数＝平均負担額

10500 ÷ 3 = 3500（円）

◉それぞれの立替額と平均負担額との差を出す

次に，それぞれの立替額と平均負担額3,500円との差を見てみる。

	立替額		平均負担額との差
Aさん	4,500円	→	＋1,000円（1,000円多く払っている）
Bさん	3,500円	→	±0円
Cさん	2,500円	→	－1,000円（1,000円少なく払っている）

Aさんは1,000円多く，Cさんは1,000円少なく払っているので，CさんがAさんに1,000円払えば全員同じ額を負担したことになる。

🖐️ 最重要 ポイントはここ！

●平均を出して，立て替えた金額との差を調整

①1人当たりの平均負担額を出す

　合計金額÷人数＝平均負担額

②それぞれの立替額と，平均負担額との「差」を整理する

③「立替額の少ない人」から「たくさん払っていた人」へお金を渡して調整する

A，B，Cの3人がキャンプに行った。Aさんが足りないキャンプ用品を8,000円で買い，Bさんが食材や飲料を7,250円で買った。Cさんは当日の移動費用3,200円を支払った。3人の負担額を同額にするためには，CさんはAさんとBさんにいくら渡せばよいか。

1　Aさんに1,250円，　Bさんに760円

2　Aさんに1,750円，　Bさんに1,230円

3　Aさんに1,850円，　Bさんに1,100円

4　Aさんに2,000円，　Bさんに1,500円

5　1〜4のいずれでもない

■■ 解答・解説

 解法の カギ　平均負担額と立て替えた金額の差を求める

●合計額を人数で割って平均負担額を出す

まず，3人の平均負担額がいくらになるのかを求める。

　（8000＋7250＋3200）÷3＝6150（円）

> 合計金額÷人数＝平均負担額

今回は全員が最終的に6,150円ずつ負担すればよいことがわかった。

●払った額と平均負担額の差を出す

次に，これまで各人が立て替えた額と平均負担額との差を見ていく。

	立替額	平均負担額との差
Aさん	8,000円	8000 − 6150 ＝ 1850 (円) 多く払っている
Bさん	7,250円	7250 − 6150 ＝ 1100 (円) 多く払っている
Cさん	3,200円	6150 − 3200 ＝ 2950 (円) 少なく払っている

AさんBさんともに，平均負担額より多く払っているが，Cさんは少なく払っている。この差を埋めるために，CさんからAさんBさんにそれぞれいくら払えばよいかを確認する。

CさんからAさんへ　1,850円

CさんからBさんへ　1,100円

この合計額は2,950円となり，Cさんの立替額と平均負担額との差と一致する。

正答：**3**

> ❗ **ワンポイントアドバイス**
>
> 精算の際に移動する金額は，受け取る側・払う側双方の平均負担額との差額と一致する。
> 例題1の場合，AさんとCさんの立替額の差 (8000 − 3200＝4800 (円)) を渡さないように注意する。

例題 2　代金の精算の中級問題

Aさんの誕生日会を行う。Bさんは料理代として3,200円，Cさんはプレゼント代として4,800円，Dさんはケーキ代として2,800円をそれぞれ支払っている。全員の負担額が平等になるには，誰が誰にいくら渡せばよいか。ただし，買い出しの前にCさんはDさんに対して1,200円を借りていた。

1　CさんがBさんに760円渡す
2　BさんがCさんに500円渡す
3　CさんがDさんに1,200円渡す
4　BさんがDさんに400円渡す
5　1〜4のいずれでもない

解答・解説

解法の カギ　借金がある場合は立替額に反映してから平均負担額との差を出す

●立替額を確認するときに借金を反映する

平均負担額を出す前に，この問題ではCさんがDさんにお金を借りているので，まずそれを各自の立替額に反映する。

　Bさんの立替額　3,200円
　Cさんの立替額　4800 − 1200 = 3600（円）
　Dさんの立替額　2800 + 1200 = 4000（円）
そのうえで，合計金額を人数で割って，平均負担額を割り出す。
　(3200 + 3600 + 4000) ÷ 3 = 3600（円）

今回は全員が3,600円ずつ負担すれば平等になる。

●払った額と平均負担額の差を出す

次に，これまで立て替えた額と平均負担額との差を見ていく。

	立替額	平均負担額との差
Bさん	3,200円	3600 − 3200 ＝ 400（円）少なく払っている
Cさん	3,600円	差額なし
Dさん	4,000円	4000 − 3600＝400（円）多く払っている

最後に少なく払っている人から多く払っている人へお金を移動する。上記のように整理すると，BさんからDさんへ400円渡せば全員の負担額が同じになることがわかる。

正答：**4**

> **！ ワンポイントアドバイス**
>
> ● 借金がある場合は，それを反映して立替額とすれば，あとの計算が楽になる
> ● お金を貸した人→「払った金額＋貸した金額」＝立替額
> ● お金を借りた人→「払った金額−借りた金額」＝立替額

SPI ★★	SCOA ★	公務員 ★★

5 分割払い

▶ 出題の傾向と対策

車や家などの金額が大きいものを買うときなどに，全額を1回で払えない場合は「何回かに分けて払う」ことになる。それが「分割払い」だ。分割払いとは別に最初に支払うお金を「頭金」といい，ある程度まとまった金額であることが多い。

x回分割の場合，分割払いする総額に$\dfrac{1}{x}$をかければ1回分の支払額がわかる。また，全体を1と考えて，分数や比率で解く問題はSPIでは頻出する。分割払いもその1つなので，マスターしておくとよい。

- SPIでは，比較的よく出題される。難易度も高くないことが多いため，得点源にしたい。
- 公務員試験，SCOAでは，分割払いの形式で出題されることはなく，全体を「1」とみて分数を使って計算するタイプの問題が出やすい。

基礎的な考え方を理解できるかがポイントなので，まずはSPIの問題で慣れていくにゃ

▶ 問題はこう解く！

◉頭金と分割払いする部分を2段階で整理する

まず分割で支払う金額を求める。

分割で支払う金額＝1－頭金（最初に払う金額）の割合

次に分割1回当たりの金額を求める。

1回の支払額＝（1－頭金の割合）÷分割の回数

たとえばエアコンを買うのに，頭金として購入価格の $\dfrac{1}{4}$ を最初に支払う場合を考える。

分割で支払う金額＝$1-\dfrac{1}{4}=\dfrac{3}{4}$

購入価格の $\dfrac{3}{4}$ が分割で支払う金額になる。

◉分割の回数を確認して1回分の支払額を割り出す

分割払い1回当たりの金額＝分割払いで払う金額÷分割回数

購入価格から頭金を引いた金額を6回に分割して支払う場合は

残っている $\dfrac{3}{4}$ を6回に分割するので

分割1回当たりの支払い金額＝$\dfrac{3}{4}\times\dfrac{1}{6}=\dfrac{3}{24}=\dfrac{1}{8}$

1回当たりの支払金額は購入価格の $\dfrac{1}{8}$ になる。

🖐 (最)(重)(要) ポイントはここ！

- **●1回の支払額＝（1－頭金の割合）÷分割の回数**

  商品の代金（合計代金）を「1」として考え，小数で表す。

- **●難しいときは2回に分けて考える**

  分割で払う金額＝1－頭金（最初に払う金額）の割合

  分割払い1回当たりの金額＝分割で払う金額÷分割回数

- **●頭金は「分割払いとは別に」最初に支払う金額のこと**

  頭金＝分割払いの1回目ではないので注意。

■■ 例題 1　分割払いの基礎問題

家電量販店でパソコンを購入することにした。頭金で $\dfrac{1}{5}$ を払い，残りを3回分割で払うことにした。分割払いの1回分は全体のいくらか。

1　$\dfrac{4}{25}$　　　2　$\dfrac{8}{25}$　　　3　$\dfrac{1}{3}$　　　4　$\dfrac{1}{15}$

5　$\dfrac{4}{15}$　　　6　$\dfrac{1}{2}$　　　7　1〜6 のいずれでもない

■■ 解答・解説

 解法の カギ **頭金を引いた分割払いの金額を分割回数で割る**

●基本の2段階を押さえる

まずは基本の計算式を確認する。次の2段階で考えていく。

> 分割で支払う金額＝1－頭金（最初に払う金額）の割合
> 分割払い1回当たりの金額＝分割で支払う金額÷分割回数

●分割で支払う金額を出す

今回の頭金は $\dfrac{1}{5}$ なので

分割で支払う金額＝ $1 - \dfrac{1}{5} = \dfrac{4}{5}$

購入代金の $\dfrac{4}{5}$ を分割で払うことになる。

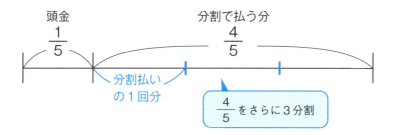

頭金 $\dfrac{1}{5}$

分割で払う分 $\dfrac{4}{5}$

分割払い
の1回分

$\dfrac{4}{5}$ をさらに3分割

分割払い1回分の金額を求めるには次の式を使う。

分割で支払う金額÷分割回数＝1回の支払額

$$\dfrac{4}{5} \div 3 = \dfrac{4}{5} \times \dfrac{1}{3} = \dfrac{4}{15}$$

分数のかけ算は，分子は分子どうし，
分母は分母どうしをかける

よって正答は5の $\dfrac{4}{15}$ となる。

正答： **5**

> **❗ ワンポイントアドバイス**
>
> ● 分割払いは基本の計算式で対応できる
> ● 頭金がある場合は2段階に分けて考える

⊞⊞ 例題2　分割払いの中級問題

新しいスマートフォンを購入した。頭金で全体の $\dfrac{1}{4}$ を支払い，残りを24回分割で支払うことにした。支払額が全体の50%に達するのは，何回目の分割払いが終わったときか。

1　2回目　　**2**　3回目　　**3**　4回目　　**4**　5回目
5　6回目　　**6**　7回目　　**7**　8回目
8　1～7のいずれでもない

⊞⊞ 解答・解説

🔑 解法の カギ　図を描いて整理しよう

●基本の計算式を使って1回当たりの支払額を出す

少し問題が複雑になったが，基本の計算方法は変わらない。まずは，分割で支払う金額を把握，次に1回当たりの支払額を出す。ここまでは基本問題と同じ手順で計算できる。

頭金で全体の $\dfrac{1}{4}$ の額を支払うので，

$$1 - \frac{1}{4} = \frac{3}{4}$$

頭金を払った後の金額は全体の $\dfrac{3}{4}$ となる。

これを24回に分けて支払うので，1回当たりの支払額は次の通り。

$$\frac{3}{4} \times \frac{1}{24} = \frac{1}{32}$$

●**あと何回で50%に達するかを確認**

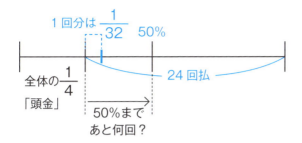

上記のように図に整理するとわかりやすくなる。すでに頭金で $\frac{1}{4}$ を支払っているから，50%＝$\frac{1}{2}$ までは残り $\frac{1}{4}$ となる。

$\frac{1}{32}$ を何回払えば $\frac{1}{4}$ になるかを考えればよい。

$$\frac{1}{4} \div \frac{1}{32} = \frac{1}{4} \times \frac{32}{1} = \frac{32}{4} = 8$$

> 分数の割り算は分子と分母を
> ひっくり返してかける

正答は**7**の8回目となる。

正答：**7**

> ❗ **ワンポイントアドバイス**
>
> 支払い額と目標額がぴったり一致しない問題もある。その場合は，**目標額を初めて超える支払回数**を見つける。今回の問題なら，50%を初めて超える時を見つける。

6 仕事算

▶ 出題の傾向と対策

このテーマも，「分割払い」と同様，全体を1として分数で計算する。「仕事算」と「水槽算」の大きく2種類があるため，両方解けるようにしておく。慣れてくれば計算自体はそれほど複雑ではないため，得点源にしやすい。

- SPIでは，問題の解法がはっきりしているため，慣れてしまえば他テーマと比べて得点しやすい。
- SCOAでは，文章題の中で出題されることがある。
- 公務員試験では頻出のため，必ずマスターしておく。割合の一部として出題される。

▶ 問題はこう解く！

◉仕事量の考え方を理解する

まず，仕事全体を1として考える。

つまり，「仕事量＝$\dfrac{1}{その人が仕事を完了するのにかかる時間}$」の意味するところを理解する。

たとえば，Aさんはある仕事を3日で完了できるとする。これを簡単な図にすると次のようになる。

「仕事が3日かかる」＝「仕事全体（1）を均等に3日に分けて行う」と考える。

この場合，Aさんの1日の仕事量は$\frac{1}{3}$となる。

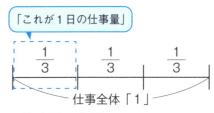

「これが1日の仕事量」

$\frac{1}{3}$ $\frac{1}{3}$ $\frac{1}{3}$

仕事全体「1」

●複数人で一緒に仕事をしたときの仕事量の合計

次に，複数の人で仕事をする場合を考えてみる。「ある仕事をx日かかる人とy日かかる人が一緒に仕事をする場合」などだ。

上の例でAさんだけでは大変だから，Bさんも手伝うことになったとする。しかし，Bさんはその仕事をするのに4日かかる。

このときBさんの1日の仕事量は$\frac{1}{4}$である。

Aさんと「一緒に」仕事をするとどうなるかを図に描いて考える。

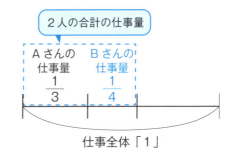

2人の合計の仕事量

Aさんの仕事量 $\frac{1}{3}$ Bさんの仕事量 $\frac{1}{4}$

仕事全体「1」

あとは，「AさんとBさんの仕事量の合計」を出せばよい。

$$\frac{1}{3}+\frac{1}{4}=\frac{4}{12}+\frac{3}{12}=\frac{7}{12}$$

これが2人合わせた「1日の仕事量」になる

最重要 ポイントはここ！

●仕事の全体を「1」として考える

●仕事量＝$\dfrac{1}{\text{その人が仕事を完了するのにかかる時間（日数）}}$

●ある仕事をx日かかる人とy日かかる人が一緒に仕事をする場合

1日の合計仕事量＝$\dfrac{1}{x}+\dfrac{1}{y}$

■ 例題 1　仕事算の問題

ある仕事を Aさんが1人で行うと10日かかり，Bさんが1人で行うと15日かかる。最初にAさんが4日行った後に，Bさんが3日行ったとすると，残りの仕事量は全体のどれくらいか。

1　$\dfrac{1}{5}$　　　　2　$\dfrac{2}{5}$　　　　3　$\dfrac{3}{5}$　　　　4　$\dfrac{4}{5}$

5　$\dfrac{8}{5}$　　　　6　$\dfrac{3}{25}$　　　　7　$\dfrac{4}{25}$　　　　8　$\dfrac{6}{25}$

9　1～8のいずれでもない

■ 解答・解説

 解法の カギ　1日当たりの仕事量＝ $\dfrac{1}{\text{かかる日数}}$

●それぞれの仕事量を計算する

この問題では，Aさんは仕事を終わらせるのに10日かかるので，

Aさんの1日の仕事量は$\dfrac{1}{10}$

4日仕事すると$\dfrac{1}{10} \times 4 = \dfrac{2}{5}$

これがAさんの4日間の仕事量となる。

一方，Ｂさんは仕事を終わらせるのに15日かかるので，

Ｂさんの1日の仕事量は$\dfrac{1}{15}$

3日仕事すると$\dfrac{1}{15} \times 3 = \dfrac{1}{5}$

●2人の仕事量の合計を出す

次に，ＡさんとＢさんのそれぞれの仕事量を合計する。

$$\dfrac{2}{5} + \dfrac{1}{5} = \dfrac{3}{5}$$

これまでのＡさんとＢさんの仕事で，全体の$\dfrac{3}{5}$が終わったということなので，残りは

$$1 - \dfrac{3}{5} = \dfrac{2}{5}$$

よって正答は2となる。

正答：**2**

!　ワンポイントアドバイス

● まずは，ＡさんとＢさんの1日の仕事量をそれぞれ求める
● 次にそれらを合計して，2人で仕事した場合の仕事量を求める
● 残りの仕事量は，1 −（2人の仕事量）で計算する

ある水槽を満杯にするのに，蛇口Aだと30分かかり，蛇口Bだと24分かかる。最初に蛇口Aで10分間水を入れた。この後，蛇口Bで何分間水を入れれば水槽が満杯になるか。

1　10分　　　**2**　12分　　　**3**　14分　　　**4**　16分

5　18分　　　**6**　20分　　　**7**　22分　　　**8**　24分

9　1〜8のいずれでもない

■■ 解答・解説

 解法の カギ　時間（1分）当たりのたまる水量を $\dfrac{1}{\text{かかった時間}}$ で表す

●最初の蛇口でどこまでたまったか

この問題では水が水槽を満たす時間を問われているが，基礎問題で見た仕事量の合計と同じ考え方で解くことができる。

まずは，1分当たりにどれくらいの水がたまるかを考えてみる。

$$1\,\text{分当たりのたまる量}＝\dfrac{1}{\text{かかる時間（分）}}$$
と考えればよい。

蛇口Aは30分で満杯になるから，1分で水槽に入る水の量は $\dfrac{1}{30}$ と表すことができる。

よって10分間では $\dfrac{1}{30}×10＝\dfrac{1}{3}$ となる。

Aの蛇口で10分間水をためると$\frac{1}{3}$まで水が入った状態となる。残りの$\frac{2}{3}$は蛇口Bで満たさなければならない。

●残りの水をためる時間を出す

蛇口Bは24分で満杯になるので，1分で入る量は$\frac{1}{24}$と表せる。$\frac{1}{24}$が何分あれば残り$\frac{2}{3}$を満たすことができるかを考えればよいので，次の計算で求めることができる。

$$\frac{2}{3} \div \frac{1}{24} = \frac{2}{3} \times \frac{24}{1} = 16$$

よって正答は4の16分となる。

正答：**4**

> **！ ワンポイントアドバイス**
>
> ● 仕事算で全体の仕事を1と見たてたのと同じ考え方で，満杯になる水の量を1と見たてる
>
> ● 1分当たりのたまる量＝$\dfrac{1}{\text{かかる時間（分）}}$と置いて考える

7 速度

▶ 出題の傾向と対策

速度はSPIでは頻出の分野で，「速さ」「距離」「時間」の3つがキーワードとなる。この3つのうち，2つがわかっていて，それをヒントに残りの1つを導き出すのが基本的な問題形式である。まずは，3つの関係性をきちんと押さえておこう。

- ●SPIでは頻出のテーマ。他試験に比べて比較的簡単な問題も出題される。
- ●SCOAでは，SPIに比べて難易度が高めの問題が出題される。
- ●公務員試験でも出題頻度が高い。特に特別区（東京23区）では2年に1回のペースで出題されている。
- ●公務員試験では，設問文が長かったり，電車がトンネルに入るなどの難易度が高めの問題が出やすい傾向にある。

練習でも少し難しめの問題
にチャレンジしよう！

▶ 問題はこう解く！

◉「距離」を求める
距離＝速さ×時間

下の図の「キ」を隠せば「ハ×ジ」とわかる。たとえば，時速40kmで
3時間進むと，距離は，**40×3＝120km**となる。

◉「速さ」を求める
速さ＝距離÷時間

下の図の「ハ」を隠せば「キ÷ジ」とわかる。たとえば，120km を3
時間で進むと，速さは，**120÷3＝時速40km**となる。

◉「時間」を求める
時間＝距離÷速さ

下の図の「ジ」を隠せば「キ÷ハ」とわかる。たとえば，120kmを時
速40kmで進むと，時間は，**120÷40＝3時間**となる。

👆 最重要 ポイントはここ！

●「ハ」「ジ」「キ」を押さえておく
「速さ（ハ）×時間（ジ）＝距離（キ）」を
覚えればよい
速さや時間を求めるときは「ハ」「ジ」
「キ」を変形して使う

●単位を変換してそろえる
60分＝1時間なので，
分速→時速は「分速×60」
時速→分速は「時速÷60」

「ハ」＝速さ，「ジ」＝時間，
「キ」＝距離
※求めたい部分を指で隠し
て公式を確認する

例題 1 時間を求める問題

Pさんが授業後に自転車で参考書を買いに行く。大学から書店までが2.1kmあり，Pさんが時速18kmで進んだとすると，往復で何分かかるか。

1　5分　　　　2　7分　　　　3　9分　　　　4　10分
5　14分　　　6　21分　　　7　24分
8　1〜7のいずれでもない

■■ 解答・解説

 解法の **カギ** 「時間＝距離÷速さ」で求める

●はじめに単位が揃っているかを確認する

「時間」が問われているので，「距離÷速さ」を計算していく。

「何分かかるか」と問われているので，まずは「時速」を「分速」に変換する。

時速18km ＝分速 $\dfrac{18}{60}$ km

今回は計算をしやすくするため，「km」を「m」に変換する。

1km＝1,000mなので，

Pさんの速度は，$\dfrac{18}{60} \times 1,000 = $ 分速300（m）

大学から書店までの距離は，2.1（km）× 1000 ＝ 2100（m）

● **「時間＝距離÷速さ」に代入する**

公式「時間＝距離÷速さ」に，わかっている数値を代入する。

時間＝ 2100 ÷ 300 ＝ 7（分）

往復の時間を聞かれているので，

7 × 2 ＝ 14（分）

したがって，往復でかかる時間は 14 分で正答は **5** となる。

正答：**5**

! **ワンポイントアドバイス**

- 「時間」 ＝ 「距離」 ÷ 「速さ」
- 「往復」といわれたら距離を 2 倍にする
- 時速→分速，分速→秒速は，分母を 60 として $\dfrac{\bullet}{60}$ と表す
- 反対に，分速→時速，秒速→分速は，60 をかける

家からA駅までは1.6kmあり，A駅からB駅までは26km
ある。

家からA駅までは時速6.4kmで歩き，A駅からB駅までは
電車に乗り時速52kmで進んだ。

家を出発してB駅に到着するまでの平均の速さは時速何
kmか。

1　時速29.2km　　2　時速29.4km　　3　時速30.4km

4　時速30.6km　　5　時速35.6km　　6　時速35.8km

7　時速36.8km　　8　1〜7のいずれでもない

■■ 解答・解説

 平均の速さ＝全体の距離÷全体の時間

●選択肢1を選ばないように注意

$(6.4 + 52) \div 2 = 29.2$ （km/時）と計算するのは誤り。

これは，時速6.4kmと時速52kmの2つの速さを足して2で割っただ
けである。選択肢には，このようなものが用意されているので，引っか
からないように注意する。このような落とし穴にはまらずに正答を導く
には，次のことを理解する。

ここでいう「平均の速さ」とは，「家からB駅まで合計○○kmを，合計
○○時間で進んだとき，仮に同じ速さで進み続けたとすると，時速何
kmか」ということである。

●平均の速さ＝全体の距離÷全体の時間

まず，合計の距離と合計の時間を計算する。

全体の距離は，1.6 + 26 = 27.6（km）

全体の時間は，「家からA駅の時間」＋「A駅からB駅の時間」

それぞれの時間を計算すると，「時間＝距離÷速さ」より，

「家からA駅の時間」1.6 ÷ 6.4 = 0.25（時間）

「A駅からB駅の時間」26 ÷ 52 = 0.5（時間）

したがって，全体の時間は，0.25 + 0.5 = 0.75（時間）となる。

「平均の速さ＝全体の距離÷全体の時間」より，

27.6 ÷ 0.75 = 36.8（km/時）

（全体の距離）（全体の時間）（平均の速さ）

したがって，時速36.8kmで正答は**7**となる。

正答：**7**

！ ワンポイントアドバイス

選択肢1の時速29.2kmを正答に選んでしまった人は，注意が必要である。

(6.4 + 52) ÷ 2 ＝時速29.2km

として，時速6.4kmと時速52kmの2つの速さを足して2で割ると求められる「時速29.2km」は，選択肢にも答えが用意されているため，つい引っかかりやすい。

SPIの対策をしていないと，こんな間違いをよくやってしまうので，気をつけよう。

8 旅人算

▶ 出題の傾向と対策

旅人算は速度算の応用問題だ。AさんがBさんに追いつくまでの時間を問うタイプの問題と，陸上トラックのような周回する道をAさんとBさんが反対方向に歩き，出会うまでの時間を問うタイプの問題の2種類が代表的だ。SPIでも出題のパターンが限られているため，しっかりと対策すれば正解しやすいテーマとなっている。

- SPIでは，速度と同様によく出題される。追いつくタイプの問題と出会うタイプの問題の2つを押さえられれば得点源になる。
- SCOAでは，文章題の中で出題されやすい。
- 公務員試験では「速度」の問題の1つとして出題される。速度は公務員試験の中でも頻出テーマなので，このテーマもしっかりマスターしておこう。

難しいと感じたら簡単な図を描いて整理すると解きやすくなるにゃ

▶ 問題はこう解く！

◉ 「追いつく」問題は速度の差に注目

追いつくタイプの問題では「息子が学校に出かけた後，母親が忘れ物に気づいて追いかける」ような状況が出てくる。

たとえば，息子が200m進んだところで母親が家を出て追いかける。息子が分速50m，母親が分速100mで進むとする。このとき，1分後の2人の間の距離はどうなるか。

息子が50m進む間に母親は100m進むので，2人の間の距離は100－50＝50m縮まる。

→追いつく問題は2人の速度の「差」を求めることで答えが出せる。

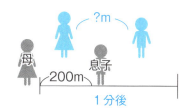

● 「出会う」問題は速度の和に注目

出会うタイプの問題では「兄弟が1周200mのグラウンドを反対方向に歩き，途中のどこかで出会う」というような状況が出てくる。

たとえば，兄の速度が分速40m，弟の速度が分速20mとした場合，スタート時点で200mだった2人の間の距離は1分後にどうなるか。

兄が進んだ40mと弟が進んだ20mの分，残りの距離は短くなる。つまり，1分で60m縮まる。

→「出会う」タイプの問題では2人の速度の「和」の分，距離が縮まることを覚えておく。

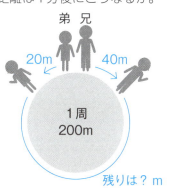

●1分後の未来を考える

「追いつく」問題→2人の速度の「差」を考える

「出会う」問題　→2人の速度の「和」を考える

Aさんは8時に家を出て，2km離れた学校まで，分速80mで向かった。10分後にAさんがお弁当を忘れたことに気づいた母親が，分速160mで走って追いかけた。母親がAさんに追いつくのは8時何分か。

1 5分		**2** 10分		**3** 15分		**4** 20分	
5 25分		**6** 30分		**7** 35分		**8** 40分	

9 1～8のいずれでもない

■■ 解答・解説

解法の カギ　速さの差で縮まる距離がわかる

● **1分後に距離がどれだけ縮むかを考える**

旅人算の問題は，1分後に2人の間の距離がどうなっているかがカギになる。まずは問題文の状況を図にして整理する。

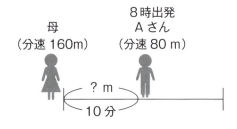

●スタート時点の距離の差と速さの差を考える

最初に，追いかけが始まった時点での距離の差を求める。つまり，母親が家を出るタイミングでAさんが何m進んでいたかを考える。Aさんは分速80mで10分間進んでいるため，

   80 × 10 = 800（m）

2人の距離は800mで，この差がなくなるのに何分かかるかを求めればいい。
次に「1分ごとに何m差が縮まるか」について考える。
Aさんは分速80m，母親は分速160mなので，

   160 − 80 = 80（m）

つまり1分間で80mずつ差が縮まっていく。
最後に，1分で80m縮まる距離がトータルで800mになるのは何分後かを考えればよい。

   800 ÷ 80 = 10（分）

母親はAさんが家を出た10分後の8時10分に家を出て，10分後に追いつく。
したがって，母親がAさんに追いついた時間は8時20分となる。

正答：**4**

> **！ ワンポイントアドバイス**
>
> ● 片方が追いかけ，追いつくタイプの問題は，1分間でどれだけ差が縮まるかを考える
> ● 1分間で縮まる距離＝追いかける人の速さ―追いかけられる人の速さ（分速）

例題2 　出会うまでの時間を求める問題

兄と弟が1周1.2kmの池の周りを反対方向に進むことにした。兄が時速3.6km，弟が時速2.4kmで歩くとすると，2人が出会うのは何分後になるか。

1　10分　　　2　11分　　　3　12分　　　4　13分
5　14分　　　6　15分　　　7　16分　　　8　17分
9　1～8のいずれでもない

■■ 解答・解説

🔑 解法の カギ　1分間に縮まる距離は速度の和で求める

● 1分後に2人の距離がどれだけ縮まるかに注目

今回はお互いに「違う方向」に向かって進み，途中で「出会う」タイプの問題だ。「追いつく」ときと同じように，1分後に2人の距離がどうなるかがポイントになる。まずは問題文の状況を図にして整理する。

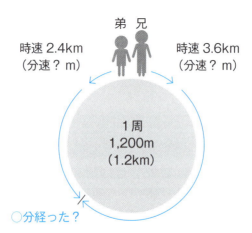

●速さの単位をそろえる

問題文では「2人が出会うのは何分後か」と聞かれているが，2人の歩く速さは時速で表されている。計算しやすくするために，2人の速さを分速に直す。

兄
時速3.6km ＝ 時速3,600m
3600÷60 ＝ 分速60m

弟
時速2.4km ＝ 時速2,400m
2400÷60 ＝ 分速40m

ここで，1分後に2人の間の距離がどれだけ縮まっているかを考える。
1分で兄が60m，弟が40m進むので，1分ごとに60＋40＝100mずつ縮まる。
池を1周する距離は1,200mなので100mで割ると，出会うまでの時間（分）が求められる。

1200÷100 ＝ 12（分）

正答：**3**

計数（非言語）問題

！ ワンポイントアドバイス

- 出会い算では，1分間に縮まる距離は2人の速さ（分速）の和で求められる
- 出会うまでの距離÷1分間に縮まる距離＝出会うまでにかかる時間（分）

9 順列・組み合わせ

▶ 出題の傾向と対策

「順列・組み合わせ」は，あるグループからいくつかを選んで取り出す問題である。たとえば，10人のグループから2人を選ぶという場合を問われる。選ぶだけで並び順を考えないなら「組み合わせ」となり，選んだ後に並び順まで考えるなら「順列」となる。

それぞれの計算方法を確認しておく。

- SPIでは組み合わせの問題が出題される。難易度はそれほど高くない。$_aC_b$ などの計算は確実にできるようにしておく。
- SCOAでは，あまり出題されない。ただ，道順（最短経路）の問題で組み合わせの考え方を使うこともあるので（→P.258参照），ざっと押さえておくとよい。
- 地方公務員試験での出題率はそれほど高くない。国家公務員試験やLight，社会人基礎試験の場合は頻出なので，「P」「C」を使った計算を確実にできるようにしておく。

△人から×人を選ぶような問題にゃ！
「選ぶだけ」か「選んだ後に並べ替えるか」が大きなポイント！

▶ 問題はこう解く！

●順列の計算式

a個の中からb個を選び，その並び順が何通りあるかは次の式で表せる。

$$_aP_b = a \times (a-1) \times (a-2) \times (a-3) \cdots \times (a-b+1)$$

> 全部でb回かける

たとえば，8人の中から3人を選んで順に並べる場合，何通りのパターンができるかは次のように計算する。

$$_8P_3 = 8 \times 7 \times 6 = 336 \text{（通り）}$$

8（aの数字）から始めて1つずつ減らしていき，3回（b回）かける。

●組み合わせの計算式

a個の中からb個を選ぶ組み合わせは，次の式で表せる。

$$_aC_b = \frac{a \times (a-1) \times (a-2) \times (a-3) \cdots \times (a-b+1)}{b \times (b-1) \times (b-2) \times (b-3) \cdots \times 1}$$

分母は，かける数字を1つずつ減らしていき，1になったらストップする。
分子は，分母と同じ回数をかけたらストップする。

たとえば，8人の中から3人を選ぶとき，何通りの選び方があるかを問われた場合は次のように計算する。

$$_8C_3 = \frac{8 \times 7 \times 6}{3 \times 2 \times 1} = \frac{336}{6} = 56 \text{（通り）}$$

分母は3からスタートし，1ずつ減らしながら1になるまでかけるので，3, 2, 1と3回かける。分子は分母と同じ回数をかければよい。

🖐 最重要 ポイントはここ！

- 順列は選んだ後に並び順を考える
- 組み合わせは選ぶだけで並び順を考えない

▉▉ 例題1 │ 順列・組み合わせの基礎問題

A，B，C，D，Eの5人の中から，委員長，副委員長，書記の3人を選ぶ。何通りの選び方があるか。正しい選択肢を選びなさい。

1　45通り　　2　50通り　　3　55通り　　4　60通り
5　65通り　　6　70通り　　7　1～6のいずれでもない

▉▉ 解答・解説

 解法の カギ │ 役職や並び順を問われたら順列の問題

●順列か組み合わせかを確認する

順列・組み合わせの問題で最初に注意すべきなのは，問われているのが順列なのか組み合わせなのかを確認することだ。

今回の問題では，それぞれの役職に3人を選ぶと記述されている。5人の中から同じ3人を選ぶにしても，だれをどの役職にするかでパターンが変わってくる。したがって，この問題は順列であるとわかる。順列の問題を解くときに使う公式を使って答えを導き出す。

●a人の中からb人を選ぶ場合は $_aP_b$ を使う

今回はa人の中からb人を選び，役職を決める問題だ。公式を使って解いていく。

$$_aP_b = a \times (a - 1) \times (a - 2) \cdots$$

aの数字から始めて1ずつ減らして，全部でb回かけると答えが得られる。
今回は5人の中から3人を選ぶので次のようになる。

$$_5P_3 = 5 \times 4 \times 3 = 60（通り）$$

したがって，正答は4の60通りとなる。

正答：**4**

! ワンポイントアドバイス

場合の数で使う公式は一見難しそうだが，整理すると単純だ。順列か組み合わせかどちらなのかをしっかり見て間違わないようにしよう。

▜▛ 例題2　順列・組み合わせの中級問題

1 ～ 13のトランプから，4枚を抜き取る組み合わせは何通りあるか。

....

1　530通り　**2**　610通り　**3**　715通り　**4**　820通り

5　925通り　**6**　1,018通り　**7**　1 ～ 6のいずれでもない

▜▛ 解答・解説

🔑 解法の カギ　並び順が問われないときは組み合わせ問題

●組み合わせの計算式を使う

今回の問題では，単純に13枚のトランプから4枚のカードを抜き取る組み合わせを問われており，その並び順については問われていない。したがって，この問題は順列ではなく組み合わせである。

組み合わせ問題でa個の中からb個を選ぶときに使う計算式は，

$$
_aC_b = \frac{a \times (a-1) \times (a-2) \cdots \times (a-b+1)}{b \times (b-1) \times (b-2) \cdots \times 1}
$$

分母はbから始めて1ずつ減らした数字をかけていき，最後の数字が1になったらストップする。

分子はaから始めて1ずつ減らした数字のかけ算をb回分続ける。

●分子のかけ算は分母でかけた回数分で止める

今回の問題を左ページの公式に当てはめると次のようになる。

$$_{13}C_4 = \frac{13 \times 12 \times 11 \times 10}{4 \times 3 \times 2 \times 1}$$

> 4回分かけ算を続ける

$$= \frac{17160}{24} = 715$$

分母が4回かけているので，分子も4回かけ算して止める。
したがって，正答は**3**の715通りとなる。

正答：**3**

！ ワンポイントアドバイス

- 順番や役職などに関する言葉が出てこない問題は，組み合わせと判断する
- 苦手意識を持つ人も多いが，決して難しくないので，問題に慣れておく

10 確　率

▶ 出題の傾向と対策

確率とは，ある状況が起きる可能性がどれくらいあるかを分数で表す方法である。ここでは前のテーマで勉強した「順列・組み合わせ」の考え方を使う。この計算の仕組みがわかっていれば，あとはそれを分数に直していくだけだ。$_8C_3$ などの計算に自信がない人は，もう一度「順列・組み合わせ」を復習してしっかり基本を身に着けておく。

- SPIでは，特によく出題されるテーマである。
- SCOAでは，基本的に出題されない。
- 公務員試験でも比較的出題されやすく，難易度はSPIよりもやや難しめである。東京都の試験では，ほぼ毎年出ている。

組み合わせの計算式 $_aC_b$ を使うと，難易度にかかわらず解ける問題が多いにゃ！

▶ 問題はこう解く！

◉ 組み合わせと基本は同じ

確率の問題は，前項の組み合わせと基本は同じ考え方で解ける。たとえば，はずれくじが8個と当たりくじが4個入っている箱があるとする。2回引いたときに2回とも当たる確率はいくらか。1回目に引いたくじが当たる確率は次のように考える。

$$\frac{\text{条件に当てはまる場合の数}}{\text{全体の場合の数}} = \frac{\text{当たりくじの数}}{\text{全体のくじの数}} = \frac{4}{12} = \frac{1}{3}$$

2回目を引くときは、1回目で引いた当たりくじが箱から1つ減り、全体のくじの数も1つ減った状態になっているので、$\dfrac{3}{11}$である。

「2回とも当たり」になるためには、「1回目が当たり」かつ「2回目が当たる」必要がある。よって、「AかつB」＝A×B

$$\dfrac{1}{3} \times \dfrac{3}{11} = \dfrac{3}{33} = \dfrac{1}{11}$$

◉組み合わせの計算式を使うとよりシンプルになる

このような問題を解くのに、前項で見た $_aC_b$ が使える。

当たりが2個出る（条件に当てはまる）とは、「4個の当たりくじの中から2個を引く」ことを意味する。式にすると $_4C_2 = \dfrac{4 \times 3}{2 \times 1} = 6$（通り）

起こりうるすべてのケースは、12個の中から2個を引くので

$$_{12}C_2 = \dfrac{12 \times 11}{2 \times 1} = 66\,（通り）$$

66通りのうち6通りは条件に当てはまるということなので、

$$\dfrac{6}{66} = \dfrac{1}{11}$$

となり、同じ答えが求められる。どちらでもやりやすい方法を使って解いていく。

最重要 ポイントはここ！

これが大原則！

● 確率＝$\dfrac{条件に当てはまる場合の数（x 通り）}{全体の場合の数（y 通り）}$

● AとBが両方起こる（AかつB）…A×B

● AかBかどちらか一方が起こる（AまたはB）…A＋B

● 「少なくとも」「1人（1つ）でも入る」→逆を考える

■■ 例題 1　A または B の問題

男子 3 人，女子 4 人のサークルがあり，これから役員を決める。役員を 2 人決めるとき，全員女子または全員男子になる確率を求めよ。

1　$\dfrac{1}{5}$　　　　2　$\dfrac{2}{5}$　　　　3　$\dfrac{3}{5}$　　　　4　$\dfrac{4}{5}$

5　$\dfrac{1}{7}$　　　　6　$\dfrac{2}{7}$　　　　7　$\dfrac{3}{7}$　　　　8　$\dfrac{4}{7}$

9　1 ～ 8 のいずれでもない

■■ 解答・解説

 A または B は A ＋ B で求める

●全員女子の確率を求める

今回は全員女子「または」全員男子になる確率を求める問題なので，それぞれの確率を出して足せばよい。

式にすると以下のようになる。

全員女子の確率（A）＋全員男子の確率（B）

$$確率 ＝ \dfrac{条件に当てはまる場合の数（x 通り）}{全体の場合の数（y 通り）}$$

まず，全員女子になる確率（A）を求める。

　　女子 4 人から 2 人が選ばれる場合の数…①

　　男女 7 人から 2 人が選ばれる場合の数…②

① $\quad {}_4C_2 = \dfrac{4 \times 3}{2 \times 1} = 6$

② $\quad {}_7C_2 = \dfrac{7 \times 6}{2 \times 1} = 21$

よって，全員女子になる確率 (A) は $\dfrac{6}{21} = \dfrac{2}{7}$ となる。

●全員男子の確率を求める

次に，全員男子となる確率 (B) を求める。男子3人の中から2人を選ぶ場合の数は

$${}_3C_2 = \dfrac{3 \times 2}{2 \times 1} = 3$$

分母の男女7人から2人が選ばれる場合の数は上記の②と同じで21。

よって，全員男子の確率 (B) は $\dfrac{3}{21} = \dfrac{1}{7}$ となる。

●全員女子と全員男子の確率を足す

それぞれの確率がわかったので，最後に足せばAまたはBの確率が求められる。

全員女子の確率 (A) と全員男子の確率 (B) を足すと

$$\dfrac{2}{7} + \dfrac{1}{7} = \dfrac{3}{7}$$

となり，正答は7となる。

正答：7

> **ワンポイントアドバイス**
>
> ● AまたはBの確率＝Aの確率＋Bの確率
> ● それぞれの確率を求めて，最後に足す
> ● AかつBの確率＝Aの確率×Bの確率

▝▝ 例題2　余事象の問題

男子2人，女子4人の書道サークルの役員をくじ引きで決めようとしている。役員2人を選ぶとき，男子が少なくとも1人入る確率を求めよ。

1　$\dfrac{2}{3}$　　　　2　$\dfrac{2}{5}$　　　　3　$\dfrac{3}{5}$　　　　4　$\dfrac{4}{7}$

5　$\dfrac{5}{7}$　　　　6　$\dfrac{6}{7}$　　　　7　$\dfrac{5}{12}$　　　8　$\dfrac{9}{25}$

9　1〜8のいずれでもない

▝▝ 解答・解説

解法の カギ　「少なくとも△人」がキーワード。その逆を考える

●求められる条件の逆の確率を出す

今回は「少なくとも1人」というキーワードがある。いわゆる「余事象」といわれる問題だ。この場合は条件と逆の確率を考えて，その確率を排除すればよいことになる。

「男子が少なくとも1人入る」の逆の場合とは，「男子が1人も入らない（全員女子）」場合となる。

まずは，「男子が1人も入らない（全員女子）」の確率を考えよう。

　なので，

$$\dfrac{\text{女子4人から2人を選ぶ場合の数}}{\text{男女6人から2人を選ぶ場合の数}}$$

$$= \frac{{}_4C_2}{{}_6C_2}$$

$$= \frac{(4 \times 3) \div (2 \times 1)}{(6 \times 5) \div (2 \times 1)} = \frac{6}{15} = \frac{2}{5}$$

これで逆の確率が出せた。

● 1 −「逆が起こる確率」が答え

あとはその逆を出せばよい。確率は「全体を 1 」として考えることを思い出してほしい。つまり起きる可能性のあるすべての確率を全部足したら，1 になる。よって，

今回求めたい確率　　　　　逆の確率

「男子が少なくとも 1 人入る確率」＋「男子が 1 人も入らない確率」＝ 1

つまり，
「男子が少なくとも 1 人入る確率」＝ 1 −「男子が 1 人も入らない確率」
と表すことができる。

$$1 - \frac{2}{5} = \frac{3}{5}$$

よって正答は 3 の $\frac{3}{5}$ となる。

正答：**3**

> **！ ワンポイントアドバイス**
>
> 余事象（少なくとも 1 人…）の問題は，まず条件と逆の確率を考える。
> 次に「 1 −逆の確率」を出す。

11 集　合

▶ 出題の傾向と対策

● 要素ごとにグループ分けして整理

集合とは，人や物をある要素でグループ分けして整理することである。たとえば動物であれば，水中で暮らす生き物と陸で暮らす生き物にグループ分けすることができるが，水陸両方で暮らす生き物もいる。このようにグループどうしの一部が重なる部分も出てくる。

複数の要素でグループ分けしたとき，言葉で説明されるとわかりづらいことが，ベン図というツールを使って表すと一目で理解できるようになる。集合の問題を解くにはベン図をうまく使うことがカギとなる。ベン図を自分で描けるようになるのが攻略の早道だ。

- ● SPIでは，出題されやすい。
- ● SCOAでは，基本的な問題が多く出題される。ベン図の使い方を復習しよう。
- ● 公務員試験でも，ベン図を使う問題が出題されやすい。ベン図を扱うスキルは必須である。

SCOAと公務員試験では，判断推理でよく出題されるにゃ。SPIと類似の問題が出るので，同様の対策をしていくにゃ！

▶ 問題はこう解く！

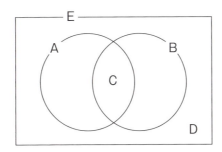

◉自分でベン図を描けるようにする

基本的なベン図の描き方を見てみよう。上の図は，ある集団のそれぞれの条件に当てはまる人数を整理したベン図である。図のABCDEはそれぞれ次のことを表している。

A：Aの人数

B：Bの人数

C：AとBの重複人数

D：AとBに該当しない人数

E：全体の人数

上記のように，複雑な情報も図に表すだけで簡単に整理できる。
整理が難しい複雑な情報に出会ったときはベン図を使って整理する習慣を身につけておこう。

👆 最重要 ポイントはここ！

●ベン図を使うといろいろな情報が整理できる

① 単独の情報が整理できる。

② 重複が整理できる。

③ 複数の重複も整理できる。

④ 例外も整理できる。

⑤ 全体も整理できる。

📇 例題 1　集合の基礎問題

ある大学で公務員を目指す学生と一般就職を目指す学生の人数のアンケートを取ったところ，下記のような結果であった。アンケートに未回答だった人数を答えよ（公務員も一般就職も目指さない学生は未回答だったとする）。

・全体の人数は300人であった
・公務員を目指す学生は100人いた
・一般就職を目指す学生は200人いた
・両方を目指す学生は60人いた

1	10人	2	20人	3	30人	4	40人
5	50人	6	60人	7	70人		
8	1〜5のいずれでもない						

■■ 解答・解説

 解法の カギ　重複した部分をベン図で確認する

●それぞれの要素の数字を出す

まずはベン図を描いてみる。A〜Eの各要素を次のように置いてみよう。

A＝公務員を目指す学生
B＝一般就職を目指す学生
C＝両方を目指す学生
D＝未回答の学生
E＝全体の人数

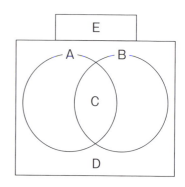

ここで注目するのは，Cの両方を目指す学生だ。

Aの公務員を目指す学生からCを除くと，公務員だけを目指す学生の人数がわかるので，まず次の計算をする。

100 − 60 = 40（人）

同様に，一般就職だけを目指す人数は，B−Cで

200 − 60 = 140（人）

とわかる。

●全体からわかっている要素を引いて残りを求める

それぞれの要素を，もう一度ベン図で整理すると次のようになる。

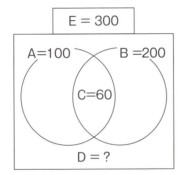

Dのアンケートに未回答だった人数を求めるには，次のようにする。

全体の人数−公務員だけを目指す人数−一般就職だけを目指す人数−両方を目指す人数＝アンケートに未回答だった人数

それぞれの数字を当てはめると

公務員だけを目指す学生の人数　　両方を目指す人数

300 − 40 − 140 − 60 = 60（人）

全体の人数　　　一般就職だけを目指す学生の人数

となる。

よって，アンケートに未回答だったDに該当する人数は60人で正答は6となる。

正答：**6**

ある高校では，物理，化学，生物の科目があり，学生は自由に選択履修できることになっている。次の条件がわかっているとき，物理と生物を重複して選択している人数を求めよ。

・3つの科目の履修者の合計は400人であった

・物理の履修者は150人であった

・化学の履修者は300人であった

・生物の履修者は100人であった

・物理だけを履修しているのは50人であった

・3教科すべてを履修している人数は10人であった

・化学と生物を重複履修している人数は30人であった

・3教科すべてを未履修の人数は2人であった

・物理と化学を重複履修している人数は80人であった

1	10人	**2**	20人	**3**	30人	**4**	40人
5	50人	**6**	60人	**7**	70人		

8　1〜5のいずれでもない

■■ 解答・解説

 **解法の
カギ**　物理・生物・科学の履修者をベン図にする

この問題では物理，化学，生物の3つの要素がある。それぞれの科目の選択状況をベン図に描き，わかっている数字を当てはめてみる。

A＝物理の履修者：150人
B＝化学の履修者：300人
C＝生物の履修者：100人
D＝物理と化学の重複履修者
：80人
E＝化学と生物の重複履修者
：30人
F＝物理と生物の重複履修者
：？人
G＝3教科すべて履修：10人
H＝3教科とも未履修：2人
Aのうち物理だけの履修者：50人

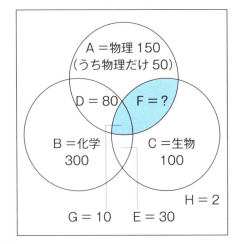

求める必要があるのは，F の物理と生物の重複履修者である。
図を見ると，F に当たる部分は A の物理を履修しているグループのうち
物理と化学を重複履修している学生80人と物理だけの履修者50人を
除いた数に3科目を重複履修している学生10人を加えた数であること
がわかる。
したがって次の計算で求められる。

   150 － 80 － 50 ＋ 10 ＝ 30（人）

正答：**3**

!ワンポイントアドバイス

● ベン図では，3つの要素の重複までは視覚化できる
● 4つ以上の要素になると使いにくいので注意

12 資料読解

▶ 出題の傾向と対策

SPI試験の中でも，差がつきやすい領域の代表が資料読解の問題だ。時間制限のある中で長文を読み，複数の情報を整理することは集中力と忍耐力を要する作業だ。慣れるまでに時間がかかるが，攻略すれば差をつけられる分野だけにしっかり準備してから本番に臨もう。

- SPIでは，長文問題はテストセンターのみで出題される。資料の読み取り問題はペーパーテスト，WEBテストでも出題される。
- SCOAでは，ほとんど出題されない。
- 公務員試験の「資料解釈」という分野に近い。地方公務員試験のLightや社会人基礎試験で出題されることもある。
- SPIが文章から図や表を作り解答するのに対して，公務員試験では図や表から解答する。

▶ 問題はこう解く！

◉横の情報を読む（浅く広く横に広げる）

長文問題は，複雑な情報を含んでいる。だが，要点を押さえれば決して恐れることはない。最大のポイントは，その文章に出てくる情報の置かれている位置（階層）を整理することだ。特に注意したいのは「横の情報」か「縦の情報」かを意識することだ。

横の情報とは，同じ階層で列挙できる情報のことである。

たとえば，日本から海外への輸出の問題があるとする。

「自動車の輸出額」と「農作物の輸出額」の情報は右の表のように同じ階層に列挙できる。したがって「横の情報」と考える。

輸出額0000年	（単位：億円）
自動車	x,xxx
農作物	yyy
機械類	z,zzz

◉縦の情報を読む（縦に深く掘り下げる）

これに対して，<mark>縦の情報とは，より具体化した階層の情報</mark>のことである。

たとえば，自動車の輸出額全体が2,000億

品目別相手先別輸出額0000年（単位：億円）

自動車 2,000	アメリカ	1,400
	アジア	600
農作物 400	アメリカ	100
	アジア	300

円として，輸出先別にその額をみていく。アメリカが1,400億円，アジアが600億円という情報が追加されると少し複雑になるが，上の表のように整理すればわかりやすい。

上の表で「自動車」と「アメリカ」は，自動車の輸出額の内訳を示す情報，つまりより具体化した階層の情報なので「縦の情報」といえる。

さらに，自動車の種類別の輸出額など，より詳細な情報も加えることができ，縦の情報はさらに深掘りできる。複雑に感じて解答をあきらめてしまう受験生も多いが，「横の情報」か「縦の情報」かを整理して読んでいくと，さほど難しくはないことが理解できる。あわてず，表や図に起こして整理するのが攻略のポイントだ。

🖐 最重要 ポイントはここ！

● **情報の階層を整理する**
　主題の階層を整理して混乱を防ぐ
● **横の情報と縦の情報を区別する**
　○横の情報＝同じ階層にあるもの　例）フルーツ，野菜，魚，肉
　○縦の情報＝より具体化した階層にあるもの　例）フルーツ→リンゴ→ふじ

ヨーロッパのあるサッカークラブでは1990年以降，売り上げが減少傾向にある。2012年には，1998年には60億円だった売り上げが40億円となった。

また，売り上げ額の構成も変化しており，1998年にはグッズ収入が80％，放送権の収入が20％であったが，2012年にはグッズ収入が40％，放送権の収入が60％となった。ヨーロッパの放送権の売り上げは主要な国際大会への出場を逃したことから10億円（1998年）から6億円（2012年）へと大幅に減少したが，アジア圏でのグッズ収入が大きく伸び，1億円（1998年）から10億円（2012年）へと大幅に増加した。

文中で述べているものと合致するものは次のうちどれか

1　14年前と比べてヨーロッパのグッズ売り上げは $\frac{1}{2}$ となった。

2　14年前と比べてアジアの放送権の売り上げは9倍となった。

3　14年前と比べて全体の売り上げは $\frac{1}{2}$ となった。

4　1〜3のいずれでもない

■■ 解答・解説

解法の
カギ　文中の記述を整理しながら実際の数字を出す

●情報を階層ごとにまとめる

問題文に書かれている数字からだけでは，直接求められる答えにたどり

つけないので，まずは，1つずつ情報を整理して並べ，その情報を図や表でまとめるとスムーズに答えが出せる。

1998年と2012年それぞれの売り上げ，グッズ収入の売り上げ比，放送権の収入の売り上げ比は次のように整理できる。

	1998年	2012年
売り上げ全体	60億円	40億円
グッズ売り上げ	80%　60×0.8＝48億円	40%　40×0.4＝16億円
放送権売り上げ	20%　60×0.2＝12億円	60%　40×0.6＝24億円

次に，ヨーロッパの放送権の売り上げ部分を整理しよう。

	1998年	2012年
放送権売り上げ	12億円	24億円
ヨーロッパ向け	10億円	6億円
アジア向け	12－10＝2億円	24－6＝18億円

●求められる情報をわかっていることから読み取る

最後に，アジア圏のグッズ収入が1億円から10億円へと増加したという記述から，次のことが導き出される。

	1998年	2012年
グッズ売り上げ	48億円	16億円
ヨーロッパ向け	48－1＝47億円	16－10＝6億円
アジア向け	1億円	10億円

以上のことから，アジアの放送権の売り上げが2億円から18億円と9倍になっていることが読み取れる。

正答：**2**

!　ワンポイントアドバイス

● 資料読解の問題の場合は，1つひとつの情報を整理するのが重要
● 表やグラフなどに整理すると情報が読み取りやすくなる

➕ 例題2　資料読解の中級問題

ある国の2010年の農作物の輸出額は2,000億円で、2000年の輸出額に比べて100％増えた。この国は近年、アフリカ諸国との友好関係を構築しており、特に南アフリカとナイジェリアへの輸出は増加している。2010年の両国への輸出合計額は、2000年から2010年の輸出全体の増加額の40％を占めている。特に南アフリカへの輸出シェアは2010年には全体の15％にもなる。このとき、ナイジェリアへの輸出額を求めよ。

1　　10億円　**2**　　50億円　**3**　　75億円　**4**　　100億円
5　150億円　**6**　200億円　**7**　300億円
8　1〜7のいずれでもない

➕ 解答・解説

 情報を1つずつ整理して段階を踏んで答えを得る

●まずパーセンテージを輸出額に直す

問題文には「ある国の2010年の農作物の輸出額は2,000億円で、2000年の輸出額に比べて100％増えた」とある。
100％増えるとは2倍になるという意味なので、2000年の農作物の輸出額＝1,000億円であり、2000年から2010年への輸出全体の増加額は1,000億円であったことがわかる。

	2000 年	2010 年
農作物の輸出額	1,000 億円	2,000 億円

> 1,000 億円の増加

●問題を解くカギとなる記述に注目する

次に，「2010年の両国への輸出合計額は，2000年から2010年の輸出全体の増加額の40％を占めている」という記述に着目すると，輸出全体の増加額1,000億円のうち40％が南アフリカとナイジェリアへの輸出合計額ということになる。

$1000 \times 0.4 = 400$（億円） ◄ 2010年の南アフリカとナイジェリアへの輸出合計額

さらに「特に南アフリカへの輸出シェアは2010年には全体の15％にもなる」という記述から，次の計算ができる。

$2000 \times 0.15 = 300$（億円） ◄ 2010年の南アフリカへの輸出額

よって2010年の南アフリカとナイジェリアへの輸出合計額から南アフリカへの輸出額を除いた分が「2010年のナイジェリアへの輸出額」となる。

400（億円）$- 300$（億円）$= 100$（億円） ◄ 2010年のナイジェリアへの輸出額

したがって，正答は**4**の100億円となる。

正答：**4**

> **！ ワンポイントアドバイス**
>
> SPIでは，表や割合と組み合わされて出題されることが多い。「何に対して何％なのか」に注意して，問題文を整理していく

📋 例題3 資料解釈の問題

下の図を参考に次の文章の空所に当てはまる語句として最も適切なものを答えよ。

我が国の石油製品需要は、省エネの取組やエネルギー代替等を背景に、ピーク時の 2000 年から 2020 年には（ ア ）している。今後も更なる省エネの取組や人口減少等によって、石油製品需要の減少傾向は継続する見通しであり、2015 年から 2030 年には更に（ イ ）することが見込まれている（経済産業省　報告書を改編）。

我が国の石油精製能力と石油製品需要量の推移

※精製能力は各年度4月1日時点の能力。
※2000 年度から 2015 年度までの需要量は実績。
　2016 年度から 2020 年度までの需要はエネ庁「石油製品需要見通し」より

我が国の石油製品需要量の見込み

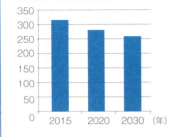

※2020 年及び 2030 年については「アジアを中心とした石油製品縦横動向と主な製油所プロジェクトに関する調査報告書」からデータを計算

| 1 | ア 1 割増加　イ 3 割増加 | 2 | ア 1 割減少　イ 3 割減少 |
| 3 | ア 3 割増加　イ 2 割減少 | 4 | ア 3 割減少　イ 2 割減少 |

解答・解説

> **解法の カギ** まず選択肢を見て求められているデータを把握する

●グラフのデータを読み取って増減を割り出す

この問題には2つの空所があり，選択肢を見るといずれも△割増加，△割減少といった数字の変化について問われていることがわかる。解答時間を短縮するために，最初に選択肢を見て的を絞ろう。問題文は国内の石油製品の需要の推移と見通しについて述べている。

空所（ア）は2000年から2020年の変化について述べているので，左の推移（実績）を示すグラフからデータを読めばよい。グラフを見ると，2000年の419万BDから2020年の287万BDに減少している。ピークだった2000年の値を100と考えて，2020年がその何割かを計算するには次の式を解けばよい。

$$287 \div 419 \times 100 = 68.5 \, (\%)$$

約70%となるので，3割近く減少していることがわかる。

●細かい数値は気にせず概算する

ここまでで答えは選択肢4だとわかるが，念のため空欄（イ）についても確認してみよう。2015年と2030年の石油製品需要量の見込みについて述べているので，下の見込みを示すグラフからデータを読み取ろう。2015年が約300なのに対して2030年の見込みは約250に減少している。減少率を求める際，細かい数値を気にする必要はなく，大まかな数字で計算して構わない。

$$250 \div 300 \times 100 = 83.3 \, (\%)$$

約80%なので約2割減少していることになる。よって，正答は**4**で間違いない。

正答：**4**

3章

計数（非言語）問題

13 領　域

▶ 出題の傾向と対策

領域とは，ある数式をグラフに表すとどのような範囲を示すかということ。近年，領域問題の出題は減ってきているものの，以前は出題されていたので，出題されてもあわてずに対応できるように内容を把握しておく。数式をグラフに変換できることは基本として，不等号を使った数式では描いたグラフの上の領域か下の領域か，対応できるようにしておく。

- SPIでの出題頻度は高くなく，ペーパーテストでのみ出題される。
- SCOAでの出題頻度はそれほど高くない。出題される場合は，2次関数，直線，不等号の3つを絡めて出題されることが多い。
- 公務員試験では，基本的に出題されないが，「数学」の関数のグラフの分野や不等号の分野で出題される可能性がある。
- 基本的な対策は，SCOAもSPIも同じ。

SPIでは
ペーパーテストでのみ
出題されるにゃ！

問題はこう解く！

●代表的な数式のグラフの形を覚えておく

代表的な数式とグラフの関係を下記にまとめるので，覚えておく。

$y = ax$

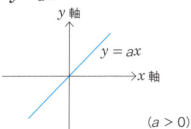

$(a > 0)$

$y = ax^2$

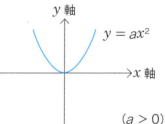

$(a > 0)$

●＋bや－bは上下に平行移動する

それぞれの式に「＋b」や「－b」がつくときは＋bなら上に，－bなら下にグラフが平行移動する。

$y = ax + b$と$y = ax - b$の関係

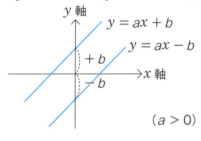

$(a > 0)$

$ax^2 + b$と$ax^2 - b$の関係

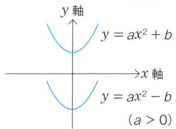

$(a > 0)$

●不等号がついた場合の領域を把握する

不等号のある数式の場合，

$y < ax$ だったら①の領域

$y > ax$ だったら②の領域

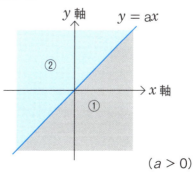

$(a > 0)$

$y = x + 5$

$y = x^2$

とするとき，次の y の領域は，右のグラフのどこに当たるか？

$x^2 < y < x + 5$

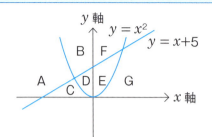

1　A と C　　2　D と E　　3　E と G　　4　B と F

5　A と G　　6　C と D　　7　1〜6 のいずれでもない

■■ 解答・解説

 解法のカギ　不等式とグラフの関係を押さえる

●方程式それぞれをグラフに描く

一般的な1次方程式と2次方程式の領域の問題である。それぞれの式において y が表す領域に注意する。

　　$x^2 < y < x + 5$ は，$x^2 < y$ と $y < x + 5$

の2つの式によって成り立っているので，まずは分けて考える。

$x^2 < y$ をグラフに描いてみる。$x^2 < y$ ということは，y が x^2 より大きいという意味である。この方程式をグラフに表したとき，グラフの放物線の上側の部分に y があるという

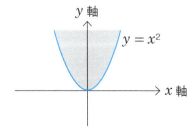

ことになる。

続いて，$y < x+5$ について見てみよう。
上記の式は一般的な1次式だ。
$y < x+5$ ということは，yが$x+5$
より小さいという意味である。グ
ラフにすると，方程式を表した右
肩上がりの線よりも下側の部分に
yがあるということになる。

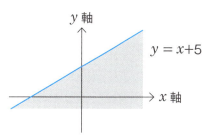

●2つのグラフを組み合わせる

それぞれの方程式を表すグラフに
おいて，yの領域がわかった。

$x^2 < y < x+5$

ということは，上記2つのグラフ
を組み合わせて重なっている部分
がyの領域を示していることにな
る。
したがって正答は2のDとEである。

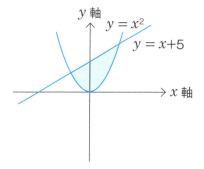

正答：**2**

！ ワンポイントアドバイス

● 近年，領域問題の出題頻度は低下している
● 最低限の知識は押さえておく

■■ 例題 2　領域の中級問題

$y = ax^2$

$y = b$

$y = cx + d$

であるとき，次の不等式で
示される領域はどこか？

・$0 < x$

・$y > ax^2$

・$y < cx + d$

・$b < y$

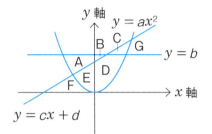

1	A	2	B	3	C	4	D
5	E	6	F	7	G	8	1～7のいずれでもない

■■ 解答・解説

 解法の カギ　不等式を 1 つずつグラフ化し，まとめる

●不等号の意味を取り違えないようにする

この問題は 4 つの不等式があって複雑に見えるが，解くためにすべきことは前項と同じ。それぞれの不等式の領域がグラフのどの部分を示しているか整理していく。

$0<x$

$y>ax^2$

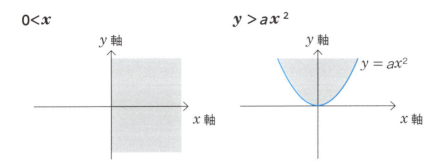

$y<cx+d$

$b<y$

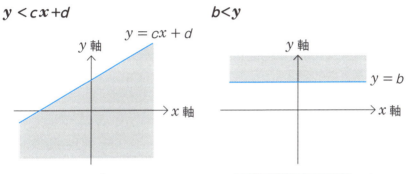

それぞれの領域がわかったら，これらを 1つにまとめてみる 。すべてに共通する部分はCであるとわかる。

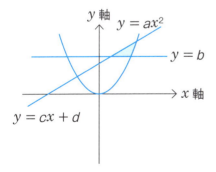

正答：**3**

> **！ワンポイントアドバイス**
>
> 不等号にイコール（＝）がつく≦や≧は，グラフの線上も含むと覚える。

3章

計数（非言語）問題

14 表計算

▶ 出題の傾向と対策

表計算の問題は頻出分野の1つ。特に公務員を併願する人は得意分野にしておきたい。表から必要な情報を読み取るのは，社会人として必須のスキルなのでぜひ身につけておこう。

数学の問題では基本的に問題文に出ている情報はすべてを使うケースが多いが，表計算の場合は不要な情報が含まれていたり，情報が十分でなかったりすることが多い。

大切なことは，足りない情報や不要な情報に惑わされず必要な情報に注目して正確に読み取ることだ。

- SPIは難易度が高くないことが多く，割合が絡む問題が多い。
- SCOAでは，出題されることは少ない。
- 公務員試験の「資料解釈」では，表（図）＋割合のパターンが出やすい。特に「増加率」に関する問題は地方上級試験で毎年のように出題されている。
- 地方公務員の試験（Lightや社会人基礎試験など）では，表や資料を読んで計算をする力が必須となる。

表計算の問題では必要な情報と
不要な情報を整理することが
ポイントだにゃ

問題はこう解く！

◉求められている情報は何かを意識する

表計算では，表のいくつかの欄が空白になっていることが多い。表を完成させることが目的ではないため，問題で求められている情報は何かを確認し，答えを出すための手がかりとなる情報に着目することが重要だ。

◉情報量が多い項目を手がかりにする

求められている情報を把握できてもそれにたどり着くための手がかりが何かわからないときは，埋まっている欄が一番多い項目に着目する。たとえば，ABC 3 つのグループおよびその他で構成される集団の全体の人数はわかっていない。Aの人数は何人か？ という問題があったとする。

グループ	人数	割合
A		20%
B	30 人	30%
C	45 人	
その他		

ここで着目するべきなのは，すべての欄が埋まっていて情報が一番多いBだ。Bの割合は30％で人数が30人ということは，全体の人数は次のように求められる。

$$30 \div \frac{30}{100} = 100 \, (人)$$

Aは全体に占める割合が20％なので，

$$100 \times \frac{20}{100} = 20 \, (人) \, とわかる。$$

🖌 最重要 ポイントはここ！

●足りない情報にとらわれず，情報のそろっている項目に着目する
●必要な情報とそうでない情報を見分ける

下の表は，ある大学の就職先の業界別一覧である。

	就職人数	全体の割合
サービス業		50%
製造業	180 人	
マスコミ・通信事業	60 人	10%
その他		

製造業に就職した学生の割合を答えよ。

1　10%　　　2　20%　　　3　30%　　　4　40%

5　50%　　　6　60%　　　7　70%

8　1〜7のいずれでもない

■■ 解答・解説

 解法の
カギ　情報がそろっている項目に注目する

● 全体の人数を出すために必要な項目を探す

この問題で求められているのは，製造業に就職した学生の割合だ。人数は示されているので，学生全体の人数がわかれば割合も求められる。ということは，全体の人数を出す手がかりを見つければよいということだ。そこで，情報が全部埋まっているマスコミ・通信事業に着目する。

マスコミ・通信事業に就職した学生の割合は10％で，その人数は60人である。このことから，全体の人数が求められる。

$$60 \div \frac{10}{100} = 600（人）$$

次に，製造業に就職した人数はわかっているので，全体の人数で割ればその割合は計算できる。

$$180 \div 600 \times 100 = 30（％）$$

よって，製造業の割合は30％ということがわかる。

●歯抜けや余計な情報に気を取られない

表計算の問題では，情報が歯抜けになっていたり，不必要な情報が含まれていたりすることが多い。そのような変則的な見た目に惑わされず，求められている答えに対して，必要な情報は何かに着目することが大切である。

もし，どの項目に着目すればよいかわからなくなった場合は，最も情報がそろっている項目が答えを導く手がかりになることが多いと覚えておく。

正答：**3**

❗ ワンポイントアドバイス

- 公務員試験では，SPIに比べて複雑な表や図が出題されるため，少し難しい問題も練習しておく
- 表から情報を読み取る力は，公務員としては必須の能力
- 実務に直結すると考えて，十分対策する

次の図は，ある高校の生徒会の会長選挙の有権者の表である。

	人数	男子の割合	女子の割合	男子の人数	女子の人数	全体の割合
1年生	440	50	50			
2年生	330			110	220	30%
3年生		40	60			

高校3年生の女子生徒の人数を求めよ。

1　100人　　2　145人　　3　188人　　4　198人

5　234人　　6　264人　　7　334人

8　1～8のいずれでもない

■■ 解答・解説

 表の一番情報が埋まっている項目に注目する

●求められる情報にたどり着く手がかりを探す

最初に，求められているのは何か，それを求めるための手がかりは何かということについて考える。やみくもに表の空欄を埋めていく必要はない。

今回は，高校3年生の女子の人数を求められている。3年生は男女の割合がわかっているので，3年生全体の人数がわかれば，女子の人数を割り出すことができる。また，学校全体の人数がわかれば，そこから1年生と2年生の人数を引いて3年生の人数を求められる。

	人数	男子の割合	女子の割合	男子の人数	女子の人数	全体の割合
1年生	440	50	50			
2年生	330			110	220	30%
3年生		40	60			

3年生全体の人数がわかれば，割合をもとに女子の人数が求められる

3年生の女子の人数を求める

最も情報が多い2年生に着目する

全体の人数を知る手がかりになるのは，最も表の欄が埋まっている2年生の情報だ。この考え方にそって次の手順で解いていく。

●順を追って求められる情報に迫る

①学校全体の人数を求める

2年生の情報から，330人が全体の30%の割合であるとわかっている。よって，全体の人数は下記の式で求めることができる。

$$330 \div \frac{30}{100} = 1100（人）$$

②3年生の人数を求める

1年生と2年生の人数はわかっているので，全体から引けばよい。

$$1100 - 440 - 330 = 330（人）$$

③3年生の女子の人数を求める

3年生の女子生徒の割合は60%なので，

$$330 \times \frac{60}{100} = 198（人）$$

正答：**4**

!ワンポイントアドバイス

● 公務員の実務では，人数の計算は頻繁に必要となる

● 割合と人数の関係を押さえておく

15 推論・整数

▶ 出題の傾向と対策

推論は，与えられた情報から確実に言えることを探り当てる問題である。SPIにおいて必須の分野で，テストセンター，ペーパーテスト，WEBテストのすべてのタイプで出題される。推論・整数では，人数や試合の点数，トランプなどの数字を使った問題が出題され，平均や合計など計算が必要なものが多い。1つひとつの計算は難しくないので，焦らず正確に計算する。状況を図で整理できるかが，正誤の分かれ目になる。

- SPIでは，非常によく出題される。推論の中でも整数は得点しやすいため，状況を整理して解いていこう。
- SCOAでも対策は必須。解き方はSPIと変わらない。
- 公務員試験でも出題頻度が高い。考え方は他試験と変わらない。

「和」「差」「平均」など，
出題の幅が広いにゃ！

▶ 問題はこう解く！

推論の出題では，問題文からわかっていることを整理して，求められる答えを導き出すという手順を踏む。

たとえば，次のような問題がよく出されるので解き方に慣れておく。
「20人の学生をA，B，Cの3つのグループに分ける。以下のことが
わかっているとき，A，B，Cそれぞれに所属する人数は何人か」
　　①AとBに所属する学生の合計は16人
　　②AとBの所属人数の差は4人でBのほうが多い
①から学生20人のうち，16人がAとBに所属していることがわかる
　ので，Cに所属する学生は20 − 16 ＝ 4人とわかる。

◉図を描いて確認する

②からAとBの所属人数の差は4人でBのほうが多いので，
A ＝ x 人　　B ＝ x ＋ 4 人
という式にできる。これを図に表すと下記のようになる。

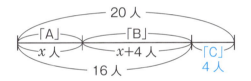

この図を見ると，$x + x + 4 = 16$という方程式が作れる。これを解
くと，

$$x + x + 4 = 16$$
$$2x + 4 = 16$$
$$2x = 12$$
$$x = 6$$

よって，Aは6人，Bは10人と出すことができる。
この問題を解く過程で見たように，いきなり答えの数字を出そうとせ
ず，1つずつ順番に段階を踏んで解いていく。

🖌️ 最重要 ポイントはここ！

●確実にわかることを整理していく
●「合計は○○」「差は〇」など，キー情報を図に書き込もう

バラとチューリップが合計で50本ある。以下のことがわかっているとき，赤くないバラの本数は何本あるかを答えよ。

- ・赤いバラは8本ある
- ・赤くないチューリップは7本ある
- ・赤い花は全部で21本ある

1	5本	2	6本	3	22本	4	24本
5	12本	6	14本	7	16本		

8　1〜7のいずれでもない

解答・解説

 解法の カギ　言葉で説明が難しいときは図に描いて整理する

●言葉で考えるより視覚化

「赤い花」が21本ということは「赤くない花」は

50 − 21 = 29 (本)

「赤くない花」29本のうち「赤くないチューリップ」が7本なので

29 − 7 = 22 (本)

よって「赤くないバラ」は22本である。

今回の問題は比較的シンプルだったので，言葉と式だけで正答を導くこともできるが，複雑な条件になったときは図で視覚化すると混乱を防いでスッキリ整理できる。

●視覚化して漏れやダブりがないようにする

「赤い⇔赤くない」など，反対の関係の場合はマトリクス（関数のグラフ）で考えるとわかりやすい。今回の問題を視覚化すると以下のような図が描ける。

さらに全体の数が50本ということもわかっているので，それぞれの領域に属する個数を書き込んでいけばよい。

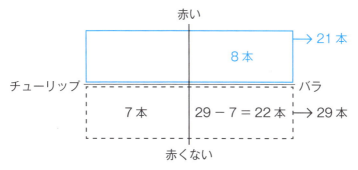

このように整理すれば，全体の数との対照が一目でわかり，情報の漏れやダブりを防ぐことができる。

言葉と数字だけで考えるのが難しいと感じたら，図に表す習慣をつける。

正答：**3**

> **！ ワンポイントアドバイス**
>
> 考える要素が3つになる場合は，次のようなキャロル表を使うとよい。たとえば，例題1に「1本300円以上か」「300円より安いか」という要素が加わった場合は下のように考える。
>
> 赤い
>
> 300円以上
>
> 300円より
> 安い
>
> チューリップ ─────── バラ
>
> 赤くない
>
> 四角の外側は300円以上，内側は300円より安くなる

A，B，C，Dの4人がフリースロー対決を行った。4人の成功回数について以下のことがわかっているとき，正しいといえる選択肢を下記から選べ。ただし，成功回数は全員違うものとする。

・Aの成功回数はCより少なかった
・Cの成功回数はBより多かった
・Dの成功回数はAとBの2人の平均成功回数と同じだった

①Aの成功回数はDより少ない
②Cの成功回数はDより多い
③Bの成功回数はDより少ない

1	①と②	2	②と③	3	①と③	4	①のみ
5	②のみ	6	③のみ	7	1～6のいずれでもない		

■■ 解答・解説

 解法の カギ　条件を1つずつ整理して順位づけする

●示された情報から順位を見る

それぞれの条件からわかることを1つずつ整理する。

「Aの成功回数はCより少なかった」という記述から，成功回数の高いほうから低いほうへの2者の順位はC→A　となる。

次に「Cの成功回数はBより多かった」という記述から，2者の順位はC
→B　となる。
上記2つの情報を合わせると3者の順位は
C→A→B　か　C→B→A　のどちらかであることがわかる。
また，「Dの成功回数はAとBの2人の平均成功回数と同じだった」とい
う記述から，「AとBの平均（D）」はAとBの間に位置しているので，A,
B，D3者の順位は
A→D→B　か　B→D→A　のどちらかだとわかる。
ここまでわかった情報をまとめると4者の順位は
C→A→D→B　か　C→B→D→A　のどちらかだとわかる。

●わかったことと選択肢を対比する

以上わかったことを，選択肢①②③の情報と対比してみると，
　「①Aの成功回数はDより少ない」と「③Bの成功回数はDより少ない」
は，AもBもDより多い可能性を排除できず正しいとはいえない。
したがって，正しいといえるのは②のみである。

正答：**5**

> **！ ワンポイントアドバイス**
>
> ● わかっている順番を1つずつ書き出す
> ● 「2つの平均と等しいもの」は2つの値の間に入る

16 推論・論理

▶ 出題の傾向と対策

「推論」はSPIでは頻出の分野だが，苦手意識を持つ人も多い。ほかの分野と違い，学校の数学であまり習うことがなかったタイプの問題なのも影響しているだろう。ただ，パターンがわかってくると難易度はさほど高くないので，安定して解けるようになれば大きな得点源になる。多くの問題にあたって慣れることをおすすめする。最初はパズルを解く感覚で楽しむくらいのつもりで臨むのがよいだろう。

推論にはさまざまな種類があるが，今回は「○○がいえれば，××もいえる」といった論理を扱う問題について解説する。この問題は図にして，整理していく必要がある。バラバラにメモするのではなく，1つの図にまとめて書くのがポイントである。

- SPIの問題は難易度は高くない。素早く図を整理できるかがポイントとなる。
- SCOAでは，「誰が嘘をついているか」として出題されやすい。解き方は他試験と変わらない。
- 公務員試験では，地方上級，Light，社会人基礎試験での出題頻度が高い。

基本的な考え方はSPIと変わらないにゃ。SCOA，公務員でも関係を図にして考えていこう！

▶ 問題はこう解く！

◉情報の関係性を図に表す

推論・論理問題では，「Aが正しければBも正しい」「Bが正しければAも正しい」など情報どうしの関係性を問う選択肢が出てくる。図に描いて整理していけば，何がいえて何がいえないかが明確にできる。次の例題で解き方を見てみよう。

A，B，C3人の生徒が先生のペットについて，次のように発言した。

　　A：先生は犬を飼っている　　　　B：先生は猫を飼っている
　　C：先生は犬か猫かどちらかを飼っている

会話を聞いていた生徒Dが次のように推定した。
下記のうち正しいのはどれか。

　　①Aが正しければBも正しい
　　②Bが正しければCも正しい
　　③Cが正しければAも正しい

A, B, Cの発言の関係性を図に整理してみると，右のようになる。
AとBの発言は，どちらも必ずしも正しいとはいえない。その他の発言どうしの関係性も見ていく。

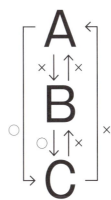

※矢印の見方
A
↓
B
「Aがいえれば，
Bもいえるか」
　○　　　×
いえる　いえない

◉情報を図で整理できたら選択肢と対照する

上の図と選択肢を対照してみたとき，○がついているのは「Bが正しければCも正しい」と「Aが正しければCも正しい」2か所だけだ。したがって，上記の選択肢のうち②のみが該当することがわかる。
例題を解いてみてわかるように，情報の関係性を図に整理することに慣れておくことが，正解を導き出す早道だ。

👆 最重要 ポイントはここ！

●情報の関係性を図に整理していく
●整理できた選択肢を検証する

ある大学で7人の学生が文化祭の実行委員会に所属している。太郎と花子と良子の3人が実行委員について話しているとき，確実に正しいといえる選択肢を選べ（ただし，太郎，花子，良子の3人は必ずしも真実を話しているとは限らない）。

太郎：文系の学生が2人以上所属している

花子：法学部と経営学部の学生が所属している

良子：文系は3つ以上の学部の学生が所属している

A 太郎が正しければ花子も正しい

B 花子が正しければ良子も正しい

C 良子が正しければ太郎も正しい

D 太郎が正しければ良子も正しい

E 花子が正しければ太郎も正しい

F 良子が正しければ花子も正しい

1 AとF　　2 AとE　　3 BとC

4 CとD　　5 CとE　　6 DとF

7 1～6のいずれでもない

██ 解答・解説

解法の
カギ　地道に情報の関係性を整理する

●当てはまらない場合があるものは×と判定

まずは例題で取り組んだように，それぞれの発言の関係性を「〇」「×」を使って図に表す。正しいかどうかを判定するコツは「当てはまらない場合」を考えることだ。たとえば太郎と花子の発言の関係を見てみる。「文系の学生が2人以上所属している」なら「法学部と経営学部の学生が所属している」といえるかというと，

これは必ずしも正しくない。2人とも法学部かもしれないし，法学部と文学部かもしれないからだ。

「法学部と経営学部の学生が所属している」なら「文系の学生が2人以上所属している」→これは正しい。法学部と経営学部の学生がいればその時点で文系の学生が2人はいる。

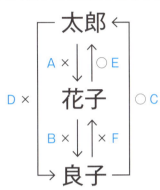

このように，ほかの発言どうしの関係も確認していく。

●それぞれの選択肢が成立するかを確認する

図が描けたら，それぞれの選択肢と対照する。

A：正しくない。

B：法学部と経営学部だけなら3つ以上の学部とはいえず，正しくない。

C：正しい。

D：2人以上なので，2人だけの可能性もあり，その場合は正しくない。

E：正しい。

F：3つの学部の中に必ずしも法学部と経営学部が含まれるとは限らないので，正しくない。

正答：**5**

> **！ ワンポイントアドバイス**
>
> ● 「〇〇が正しければ××も正しい」タイプの問題は，それぞれの関係性を図にして考えてみる
>
> ● 正しいか正しくないかの判定は，「正しくないパターン（反例）」を考えると速い

A，B，C，Dの4人が卒業旅行で泊まるホテルについて話している。

A 「食事は魚料理を食べたい。予算は10,000円」

B 「食事はバイキングがいい。予算は8,000円」

C 「食事は肉料理が食べたい。予算は15,000円」

D 「食事はバイキングがいい。予算は7,000円」

	食事	価格
Wホテル	肉料理	14,500円
Xホテル	バイキング	6,500円
Yホテル	魚料理	7,500円
Zホテル	バイキング	10,000円

※バイキングでは肉料理も魚料理も食べられるものとする。

4人の発言と表をもとに出した次の推論のうち，正しいものをすべて選べ。

ア Aの希望を満たすホテルはBの希望も満たす

イ Bの希望を満たすホテルはCの希望も満たす

ウ Cの希望を満たすホテルはDの希望も満たす

エ Dの希望を満たすホテルはAの希望も満たす

オ Aの希望を満たすホテルはCの希望も満たす

1 アとイ 　　2 アとウ 　　3 イとウ

4 エとオ 　　5 ウとオ 　　6 イとエ

7 1～6のいずれでもない

■■ 解答・解説

 解法の カギ 図や表を使って 1 目で対照できるようにする

●与えられた情報を 1 つにまとめる

まずは与えられた情報を表に整理する。その際，W，X，Y，Zのホテルそれぞれが，だれの希望を満たすのかを確認する。

	食事	価格	希望を満たす人
W	肉料理	14,500 円	C
X	バイキング	6,500 円	A・B・C・D
Y	魚料理	7,500 円	A
Z	バイキング	10,000 円	A・C

●選択肢と表を突き合わせる

次に，それぞれの選択肢が正しいかどうかチェックする。

ア　正しくない　　Aを満たすホテルのうち，Yは食事，Zは予算がBの希望を満たさない。

イ　正しい　　　　Bの希望を満たすホテルはXで,Cの希望も満たす。

ウ　正しくない　　Cの希望を満たすホテルのうち，WとZはDの希望を満たさない。

エ　正しい　　　　Dの希望を満たすホテルはXのみ。XはAの希望も満たす。

オ　正しくない　　Aの希望を満たすホテルのうち，YはCの希望を満たさない。

よって正答は**6**のイとエとなる。

正答：**6**

> **● ワンポイントアドバイス**
> ●まずはわかっている情報を図や表で整理する
> ●選択肢と問題文の対照には結果として時間がかかることが多い

17 推論・対応関係

▶ 出題の傾向と対策

推論・対応関係は，問題文の設定と示された条件を対照して，その状況に当てはまる解答を選択肢から選ぶ問題だ。問題文はただ読むのではなく，与えられた情報をヒントに，示された条件をチェックしながらメモすることが大切だ。文章で書くのではなく，箇条書きや表などを使ってヒントや条件を整理できるかが問題攻略の大きな分かれ目になる。

- SPIの推論の中では，比較的得点しやすいテーマである。
- SCOA，公務員試験では，地域や試験にかかわらず出題されやすい。

SCOAや公務員試験では，地域や試験の種類にかかわらず出題されやすいので，本書の問題を解けるようにしておくにゃ！

▶ 問題はこう解く！

◉ポイントを表で整理する

各要素が文章の中に組み入れられていると，比較対照しづらいが，表にまとめると比較できる。そのステップをいかに効率よく踏めるかが，正しい情報にたどりつくカギになる。

文章をどのように表に整理すればよいか例題で確認していく。

A，B，C，Dの4人の学生がそれぞれサッカー部，野球部，バレー部，吹奏楽部のどれかの部活に入っている。重複在席はないものとする。

・Aは野球部とバレー部ではない
・Bはサッカー部と吹奏楽部ではない
・CとDは運動部に所属している
・Dはサッカー部ではない

この状況を表にまとめるとこのようになる。

	サッカー部	野球部	バレー部	吹奏楽部
A		×	×	
B	×			×
C				×
D	×			×

重複在席はないので，この時点で「Aは吹奏楽部」とわかる。

◉ 1つがわかると連鎖的に見えてくる

	サッカー部	野球部	バレー部	吹奏楽部
A	×	×	×	○
B	×			×
C	○	×	×	×
D	×			×

Aが吹奏楽部なので，サッカー部ではない。A，B，Dがサッカー部ではないので，Cがサッカー部だとわかる。

このように，文章で書かれたことを表にまとめ，足りない情報を埋めていくと<mark>パズルが解かれるように隠れていた情報が見えてくる</mark>。この方法を使うと，複雑に見える推論の問題も解決できる。

● 表で整理して各要素の対応関係を視覚化する
● 1つの情報から関連する情報が連鎖的にわかる

ある会社の新入社員のA，B，C，Dは仙台，名古屋，大阪，福岡のどこかの支社に配属されることになった。配属先にはA～Dのうち，それぞれ1人だけが配属される。以下のことがわかっているとき，正しい選択肢を1つ選びなさい。

　ア　AかBのどちらかが名古屋に配属される
　イ　Bが仙台に配属されていなければ，Cが仙台に配属される
　ウ　Dは仙台か福岡のどちらかに配属される
　エ　Dが福岡ならばAとCは大阪には配属されない

1　Aは福岡に配属された
2　Bは大阪に配属された
3　Cは名古屋に配属された
4　Dは仙台に配属された

■ 解答・解説

 解法の カギ 消去法で答えにたどり着く

●登場回数の多い＝情報の多い要素に注目

今回は与えられた条件が4つある。条件が多いときは，「登場回数が多い要素」を最初にチェックするとあぶり出される情報が多くなる。

今回登場回数が多いのは，「仙台」だ。イでBが仙台に配属されなければCが仙台に配属されるといわれている。

Bが仙台　　→Cは仙台以外
Bが仙台以外→Cは仙台

つまり，BかCのどちらかが必ず仙台になる。

ウで「Dは仙台か福岡のどちらかに配属される」と書かれているが，仙台に配属されるのはBかCでありDではないので，Dの配属先は福岡とわかる。ここまでを整理すると，

仙台　　→　B　か　C
名古屋　→　A　か　B
大阪　　→　A　か　B　か　C
福岡　　→　D

さらにDが福岡で確定なので，エの条件によってAとCは大阪に配属されない。よって大阪に配属されるのはBとなる。

可能性のない要素を消していくと，

仙台　　→　~~B~~　か　C
名古屋　→　A　か　~~B~~
大阪　　→　~~A~~　か　B　か　~~C~~
福岡　　→　D

最終的な配属先は仙台→C，名古屋→A，大阪→B，福岡→Dという結果があぶり出された。

よって正答は2の「Bは大阪に配属された」となる。

正答：**2**

> **ワンポイントアドバイス**
>
> ●条件が多いときは，登場回数が多い要素から確認する
> ●あわてず1つずつ可能性のない要素を消していく

　A，B，Cの3人が経験したことのあるスポーツについて話している。サッカー，野球，バスケ，バレー，テニス，陸上競技の6種目のうち，1人につき2つの種目を経験したことがあり，他の人との種目の重複はないものとする。以下のことがわかっているとき正しい組み合わせを選択肢から選べ。

　・Aはテニスの経験がある

　・バレーをしたことがある人は陸上をしたことがない

　・Bはバスケと野球をしたことがない

　・Cは野球と陸上をしたことがない

ア　Aはサッカーをしたことがある

イ　Bはテニスをしたことがある

ウ　Cはバスケをしたことがある

エ　Aはバレーをしたことがある

オ　Bは陸上競技をしたことがある

カ　Cはテニスをしたことがある

| 1 | アとイ | 2 | イとウ | 3 | エとオ | 4 | アとカ |
| 5 | イとエ | 6 | ウとオ | 7 | エとカ | 8 | 該当なし |

■■ 解答・解説

 解法の
カギ　**わかったところから表を埋めていく**

●1人2種目，重複なしに着目

わかっている情報を表に整理する。

	サッカー	野球	バスケ	バレー	テニス	陸上
A	×	○	×	×	○	×
B	○	×	×	×	×	○
C	×	×	○	○	×	×

①まずは問題文に示された4つの条件からを書き込むと，上の表の黒い
　○×となる。
②次に着目するのは<mark>種目の重複はない</mark>という情報。つまり，「Aがテニ
　スをしたことがある」＝「BCはテニスをしていない」という意味であ
　る。これで表のBCのテニスの欄に×と書き込むことができる。
③同様に，BもCも野球経験がないから，野球をしたのはAとわかる。
　つまりAは野球とテニスをしていて，それ以外はしたことがない。そ
　れによって，バスケはC，陸上はBがやっていることがわかる（青い
　部分）。
④「バレーをしたことがある人は陸上をしたことがない」という情報か
　ら，陸上をしたことがあるBはバレーをしたことがない。よってバレ
　ー経験者はCだとわかる。

●表と選択肢を照合する

このようにして見えてきた情報と選択肢を対応すると，「ウ　Cはバス
ケをしたことがある」と「オ　Bは陸上競技をしたことがある」が正しい
ので，正答は**6**のウとオだとわかる。

正答：**6**

> **ワンポイントアドバイス**
>
> ●わかったところから，表をどんどん埋めていく
> ●表のすべてが埋まらなくても答えは出せる

| SPI ★★ | SCOA ★ | 公務員 ★★★ |

18 推論・勝敗関係

▶ 出題の傾向と対策

推論・勝敗関係はスポーツなどで複数のチームが戦い，どこのチームが「勝った」「負けた」かを整理していく問題だ。SPIの推論の中では得点しやすい分野で，対戦表の描き方をわかっていれば比較的簡単に対応できるはずだ。対戦方式にはリーグ戦（総当たり戦）とトーナメント戦の2種類があるので，最初にどちらについての問題なのかを確認する。

- ●SPIの推論の中では，比較的解きやすいテーマである。
- ●SCOAでは，判断推理の分野から出題がある。
- ●公務員試験では頻出だが，特に特別区の試験ではよく出題される。SPIと同じように表で整理して考える。

「勝った」「負けた」を表にして整理するにゃ！

▶ 問題はこう解く！

◉リーグ戦の対戦表を描く

まずはリーグ戦の対戦表の描き方を学んでおく。
A，B，C，Dの4チームがサッカーのリーグ戦を行ったとする。
・BはCに勝った
・Cは2勝している
これをまとめると右図のようになる。

	A	B	C	D
A			×	
B			○	
C	○	×		○
D			×	

> リーグ戦は
> 総当たり式

左端にチーム名が縦に並んでいるが，各チームの段を横に見ると対戦成績がわかる。上段に横に並んでいるのが対戦相手である。自分のチームとは対戦しないので斜線で除外する。

①Cチームの対戦成績を見ていく。CはBには負けているが，それ以外は2勝しているので，Cの段はすべて埋めることができる。

②AとDはCに負けているので，それぞれCとの対戦結果欄に「×」を記入する（青字部分）。

このように，表に1つずつわかることを書き込んでいくと，最初少ないと思った情報から，さまざまな結果が見えてくる。

●トーナメント戦の対戦表を描く

A，B，C，Dの4チームがトーナメントで戦ったとする。
・BはDに負けた
・BはCに勝った
トーナメントは負けたらその時点で終わりなので，BはCに勝った後，Dに負けたということになる。
図にして整理すると，「Bが2回戦でDに負けた」＝「Dが優勝した」のだとすぐにわかる。

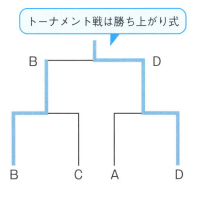

> トーナメント戦は勝ち上がり式

🖌 最重要 ポイントはここ!

●対戦表を描いて情報を整理する
●リーグ戦なのかトーナメント戦なのかに注意する

■■ 例題1　推論・勝敗関係の基礎問題

A，B，C，Dのサッカーサークル4チームが総当たり戦で試合を行った。以下のことがわかっているとき，正しい選択肢の組み合わせを選べ（ただし引き分けはなかったものとする）。

- ・AとDは1勝2敗だった
- ・Cは1度も負けなかった
- ・BはDに負けた
- ・AはDに勝った

ア　Bは1勝2敗である
イ　2勝1敗のチームは1チームだけである
ウ　BはAに負けている
エ　勝利数が同じチームが3チームある

1　アとイ　　　2　イとウ　　　3　ウとエ　　　4　アとウ
5　アとエ　　　6　イとエ　　　7　該当なし

■■ 解答・解説

 解法の　カギ　対戦表を描いて確認する

●示された情報を表に落とし込む

勝敗関係の攻略には，対戦表の作成が必須。今回は総当たり（リーグ）戦の対戦表を作成して，わかっているところから埋めていく。

	A	B	C	D	
A		×	×	○	← AはDに勝った
B	○		×	×	← BはDに負けた
C	○	○		○	
D	×	○	×		← Cは1度も負けなかった

まず，「Cは1度も負けなかった」のですべての対戦相手に○を書き込む。次に，「BはDに負けた」「AはDに勝った」に注目する。「BはDに負けた」ということはDはBに勝ったということなので，それぞれのチームから見た試合結果を各チームの欄に記入する。

さらに「AとDは1勝2敗だった」ので，AはD以外，DはB以外のチームには負けている。

●示された情報を表に落とし込む

あとは埋まった表と選択肢を照らし合わせればよい。

各チームの試合結果を確認するには，段を横に見る。A，B，Dが1勝2敗，Cが3勝0敗であることがわかる。したがって，正答は5のアとエとなる。

正答：**5**

！ **ワンポイントアドバイス**

- 勝敗関係は「総当たり」なのか「トーナメント」なのかを必ず確認する
- 必ず対戦表を描く→わかることを埋めていく。頭の中で考えるより見える化が大切

A，B，C，Dの4つの野球
チームが右のようなトーナメ
ント表で対戦した。以下の情
報があるときに，正しい選択
肢を選べ。

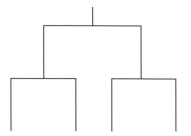

Ⅰ：AはBに負けた
Ⅱ：AはCに勝った

1　Aが優勝した
2　Dは1回戦負けだった
3　Dは優勝だった
4　1〜3いずれでもない

■ 解答・解説

 解法の
カギ　トーナメント戦の対戦表を描く

●トーナメント戦では1回負けたら終わり

今回はトーナメント戦の問題だ。トーナメント戦の大原則は「負けたら
終わり」なので，これが手がかりになる。情報ⅠもⅡもAチームについ
てのヒントであり，Aは2回戦っていることがわかる。

もし，Aが1回戦でBと戦っていたとしたら，Bには負けたので，そこ
で終わってしまい，Cとは戦うことができなくなる。つまり，AはCに
勝ったあと，Bに負けたということだ。

同じチームの「勝った情報」と「負けた情報」があるときは,「勝ち」→「負け」の順番で起きたことになる。
ここまでわかったことを図に整理すると,以下のようになる。

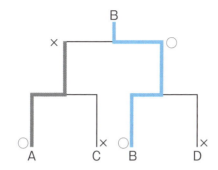

Dに関する情報はなかったが,こうして図を描いてみると,Aとは戦わず,反対のブロックでBに負けていたということが確認できる。
したがって,正答は2である。

正答：**2**

! **ワンポイントアドバイス**

● トーナメント戦は負けたらそこで終わりとなる
● 1つのチームについて勝ち・負け両方の情報があるときは,「勝ち」
　→「負け」の順で起こっている

19 推論・順位関係

▶ 出題の傾向と対策

推論・順位関係はテストの点数や売上高など，順位のつけられる事柄について，１位〜最下位までを決めていく問題だ。確定した順位を求められる場合もあれば，与えられた条件をもとに「誰が何位の可能性があるか」といった問われ方をすることもある。必ずしも全員の順位を確定させる必要はない。いかに要点を整理して書き出し，上下関係を把握できるかが大切だ。

- SPIでは，「推論・位置関係」と考え方が近いので合わせて対策をしておく。
- SCOAでも比較的出やすいので，必ず対策する。
- 公務員試験でも順番・順位を決める問題はよく出題される。

大切なのは「順位を確定させること」ではなく，選択肢のどれが正解かを見極めることにゃ！

▶ 問題はこう解く！

◉ わかる部分の上下関係を書き出す

問題では，いくつかの条件が示されるので，それらのヒントを手がかりに順位を解き明かしていく。

上下（前後）の関係を書き出す方法を例題で見てみる。

たとえば，A，B，C，Dの4人が100m走を行った。

　①AはCよりも速かった

　②BはCよりも1つ順位が上だった

　③DはAよりは遅く，Cは3番目ではなかった

ここまでを図にすると，

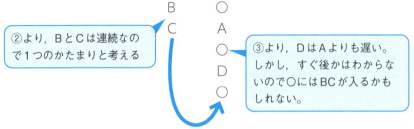

②より，BとCは連続なので1つのかたまりと考える

③より，DはAよりも遅い。しかし，すぐ後かはわからないので〇にはBCが入るかもしれない。

「BC」のかたまりは，3つの〇のどこかに入る。

●書き出した「かたまり」どうしの関係を考える

BとCはつながった1つのかたまりであるが，このかたまりが，上の右側の図のどの〇部分に入るかを考える。

　①「AはCよりも速い」，③「Cは3番目ではない」の2つから✕印をつけた場所ではないとわかる。したがって，Dの下に入り，全体の順位はADBCとなる。

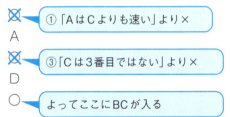

①「AはCよりも速い」より✕

③「Cは3番目ではない」より✕

よってここにBCが入る

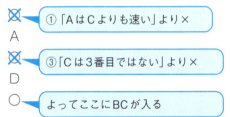

最重要 ポイントはここ！

●わかる部分の上下関係を書き出す

●書き出した「かたまり」どうしの関係を考える

⧉ 例題 1　推論・順位関係の基礎問題

A，B，C，Dの4人の学生が期末試験の結果について話している。

　　A　「私は4人の中で1位ではないが，最下位でもない」

　　B　「Aは私よりも点数が高かった」

　　C　「私のすぐ下の順位はBだった」

　　D　「CはAよりも点数が低かった」

ここからわかる正しい組み合わせを選べ。

　ア　Aが1位だった　　　イ　Bが2位だった
　ウ　Cが3位だった　　　エ　Dが4位だった
　オ　Aが2位だった　　　カ　Bが3位だった
　キ　Cが4位だった

　1　アとウ　　2　イとウ　　3　エとオ　　4　カとキ
　5　イとエ　　6　ウとオ　　7　アとキ　　8　該当なし

⧉ 解答・解説

 順位関係を図に描き出す

●最初に連続する順位の組み合わせ（かたまり）に注目する

最初に目をつけるのは，連続する順位のかたまりがないかということ。Cが「私のすぐ下の順位はBだった」といっているので，CBは連続す

る順位にいるかたまりと考えて扱える。かたまりが見つかったら，その前後を埋めていけばよい。

次に，Bが「Aは自分よりも順位が上だった」という発言に注目する。ここから，わかっているのは下記の並び順だとわかる。Dが入る可能性のある空白に仮に①②③など目印を置いて考える。

●矛盾する情報を排除していく

①〜③のどこかにDが入ることになるが，②または③に入ると，Aが1位になってしまうので，Aの「私は4人の中で1位ではないが，最下位でもない」という発言と矛盾する。したがって，Dは①に入ることがわかる。すべての並び順は次のようになる。

1位：D
2位：A
3位：C
4位：B

これに合う選択肢は，6のウとオである。

正答：**6**

!　ワンポイントアドバイス

● 最初にかたまりになる組み合わせを探す
● そのあとはわかっている上下関係を書き出す

学園祭で焼きそば，綿菓子，ラーメン，かき氷の4つの出店があった。売上額の順位について以下のことがわかっているとき，正しい選択肢を選びなさい。

- ・綿菓子店の売り上げ順位はかき氷店の1つ上だった
- ・ラーメン店は3位ではなく，焼きそば店は4位ではなかった
- ・焼きそば店の売り上げ順位はラーメン店よりも下だった

1　綿菓子店が1位，かき氷店は2位だった。
2　焼きそば店が2位，かき氷店は4位だった。
3　ラーメン店は2位，焼きそば店は3位だった。
4　かき氷店は2位，焼きそば店は4位だった。
5　綿菓子店が2位，ラーメン店が1位だった。
6　1〜5の中に正しい組み合わせはない。

■ 解答・解説

言葉だけでなく図に描き出す

●まず連続する順位の組み合わせ（かたまり）を見つける

まずはすでに学んだとおり，連続する順位のかたまりを探す。今回は「綿菓子店の売り上げ順位はかき氷店の1つ上だった」との情報から，「綿菓子店→かき氷店」がセットだとわかる。

● 1つずつの情報と照らして図の空白を埋める

次に，それ以外の順位を考えていく。

「綿菓子店→かき氷店」

「焼きそば店の売り上げ順位はラーメン店よりも下だった」との情報から，下の図が描ける。

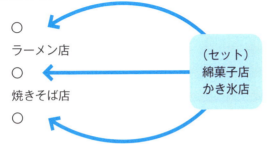

○
ラーメン店
○
焼きそば店
○

（セット）
綿菓子店
かき氷店

綿菓子店とかき氷店のセットをどの「○」の場所に入れればよいかを確認する。

ここで注目すべきなのは，「ラーメン店は3位ではなく，焼きそば店は4位ではなかった」との情報だ。ここから判断すると，1番下の○にセットが入ることがわかる。

よって最終的に順位は次のようになる。

1位：ラーメン店
2位：焼きそば店
3位：綿菓子店
4位：かき氷店

したがって，正答は**2**となる。

正答：**2**

> **！ワンポイントアドバイス**
> - まずセットを見つける
> - わかっている情報からセット以外の上下関係を図に描く

20 推論・位置関係

▶ 出題の傾向と対策

今回は「順位関係」よりも少し難しい「位置関係」について学習する。順位関係では，1位〜最下位の縦1列の関係だけを考えればよかったが，位置関係の場合，「丸いテーブルに座る」「テーブルどうしの配置」など空間の広がりのある要素が加わってくる。横や対面の位置関係について考えなければならないので，複雑に感じるかもしれないが，基本的な考え方は順位関係と同じだ。落ち着いて1つずつ整理していき，図で整理できれば，必ず解ける。

- SPIの問題は，「推論・順位関係」の解き方に近い。
- SCOAではあまり出題されないが，順位関係の問題と考え方が近いため，本書の問題には取り組んでみよう。
- 公務員試験ではよく出題される。特に特別区で出題されやすい。

「位置関係」は「順位関係」の発展版だにゃ！

▶ 問題はこう解く！

設問には，下記のような表現がよく出てくるが，これらを図に変換できるようにしておく。

① 「Aのすぐ右にBが座っている」→AとBは隣り合っている→「AB」

② 「Aの右にBが座っている」→間にだれか座っているかもしれない

　→わからないところは「○」で空けておく→「AOB」

●隣り合っている場合の図の描き方

たとえば，Aのすぐ右にB，Cのすぐ右にDが座っており，CDはABよりも右側にいるとする。この場合は「AB」「CD」のようにかたまりで考える。図にすると下のように描ける。

●わからないところは○で空間を確保

たとえば，「AはBよりも左」「Cのすぐ右にはD」という情報があるとき，「CD」がかたまりになるのはわかるが，AとBの関係はどのように描けばよいだろうか。AはBよりも左にあるので　A○Bとなり，CDのかたまりが入る可能性のある空間を，仮に①A②B③と置いてみると，次のことがわかる。

　①に入る場合⇒CDAB

　②に入る場合⇒ACDB

　③に入る場合⇒ABCD

上記3パターンの組み合わせに限定できる。

あとは，ほかの条件と照らし合わせて答えを導き出していけばよい。

✋ 🈟 🈴 🈭 **ポイントはここ！**

● **基本的な考え方は順位関係と同じである**

● **図の描き方に慣れておく**

🔡 例題1　推論・位置関係の基礎問題

太郎さんの家の周りには，東西それぞれに50m間隔でコンビニ，駅，学校，郵便局がある。以下のことがわかっているとき，学校の位置はどこになるか。

Ⅰ：コンビニは学校からも家からも50mの距離にある
Ⅱ：郵便局は学校から200m離れている

　西　←　Ａ　Ｂ　家　Ｃ　Ｄ　→　東

以下のア〜ウの記述のうち，正しいとすればすべての場所が確定されるものを選びなさい。

ア　Ａは学校である
イ　駅と郵便局は隣り合っている
ウ　最も東は郵便局である

1　アとイ　　　2　アとウ　　　3　イとウ　　　4　該当なし

🔡 解答・解説

 解法の カギ　わかっていることから埋めていく

●**50m離れている＝隣り合うかたまり**
まず真ん中に太郎さんの家を置いた図を描く。

174

A　50m　B　50m　家　50m　C　50m　D

次に「家から○m」といった<mark>ヒントが出ていないかに着目</mark>する。「コンビニは学校からも家からも50mの距離にある」といわれているので，BかCのどちらかがコンビニであることがわかる。

●可能性を絞り込む

さらにそこから50m離れたところに学校があるので，「家　コンビニ　学校」の並び順か，「学校　コンビニ　家」の並び順のどちらかだとわかる。ここから，コンビニはBかC，学校はAかDに絞られる。
また，「郵便局は学校から200m離れている」という情報がわかっている。200m離れることができるのは，両端どうしのAとDだけだ。
よって「AかDの学校ではないほう」が郵便局となる。<mark>図に整理すると，下記のいずれかに限定</mark>される。

A　50m	B　50m	**家**　50m	C　50m	D
学校	**コンビニ**		**駅**	**郵便局**

A　50m	B　50m	**家**　50m	C　50m	D
郵便局	**駅**		**コンビニ**	**学校**

設問では，どこか1つでも場所が確定できればすべての並びがわかる要素が求められている。そのためには，
アのAは学校である。
ウの最も東は郵便局である
のどちらかが正しければ，すべての並び順がわかる。

正答：**2**

ワンポイントアドバイス

- 距離から隣り合っているかどうかが判断できる
- 可能性を絞っていくと答えにたどりつく

右のようなテーブルとイスがあり，ABCDEFの6人がそれぞれ座る。以下の4つのことがわかっているとき，選択肢のどれか1つでも正しい場合に全員の席が確定できる組み合わせを選びなさい。

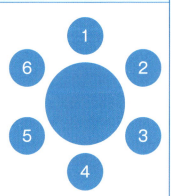

Ⅰ：AとEは対面になる席に座っている

Ⅱ：DはFの左隣に座っている

Ⅲ：Aは5番の席に座っている

Ⅳ：Fの2つ横にはCが座っていて，Dの2つ横にはBが座っている

ア　Dが1番に座る

イ　Eの隣はFとCである

ウ　Aから見て右の席にはDが座っている

1　アとイ　　　2　アとウ　　　3　イとウ

4　アとイとウ　　5　該当なし

■■ 解答・解説

 解法の **カギ** 確実な情報から視覚化していく

●わかっている情報を図に書き込む

丸テーブルの問題は，最初に確実にどの席に座っているかわかっている人を確認しよう。確実な情報はＡが5番の席に座っていることだ。ここから，向かいの2番の席にＥが座っていることもわかる。

次に，「ＤはＦの左隣に座っている」という情報からＤとＦはかたまりなので，下図のどちらかになる。

さらに「Ｆの2つ横にはＣが座っていて，Ｄの2つ横にはＢが座っている」という情報から次の2パターンに絞られる。

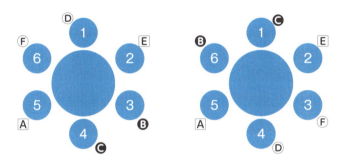

●選択肢に照らしたとき確定できるか

以上を踏まえて，どれか1つでも正しい場合に全員の席が確定できる組み合わせの選択肢を検討する。

　　ア　Ｄが1番に座る→これがわかればすべて確定できる。

　　イ　Ｅの隣はＦとＣである→すべて確定できる。

　　ウ　Ａから見て右の席にはＤが座っている→すべて確定できる。

したがって，正答は4のアとイとウとなる。

正答：**4**

❗ ワンポイントアドバイス

- ●並び方が円になっていても解き方は同じである
- ●確実な情報のあるところから見ていく

21 物の流れと比率

▶ 出題傾向と対策

「物の流れと比率」では，矢印と文字（アルファベット）で表した図が登場する。右図が表しているのは「Xという業者からYという業者へ物を納入する」という状況だ。ここで少し難しいのがXはYに対して「自分が持っている全部の量を納入はしない」ことだ。自分が持っている量のうち，何割かしか納入しない。この分野では，方向（誰が誰に納入するのか），数量（もともと持っていた量），比率（持っている中から何割を納入するのか）の3つに注目して問題に取り組もう。

- SPIのペーパーテストでのみ出題される（SPI-Uのみで出題され，SPI-G，SPI-Aでは出題されない）。
- SCOA・公務員試験での出題はない。

SPIではペーパーテスト（SPI-U）で出題されるけど，テストセンター・WEBテストでは出題されないにゃ

▶ 問題はこう解く

右の図1は，業者Xから業者Yに物を
納入している図である。この場合は業
者Xが持つ物の量をX，業者Yが持つ
物の量をYとして考える。

（図1）

「a」は「X（業者Xが持つ物の量）のうち，aの割合を業者Yに納入する」
ことを表している。これを式で表すと$Y = aX$となる（$aX = a \times X$）。

右の図2は，XとYの2つの業者がZ
に対して物を納入している図である。
この場合，Xが納入する分の「aX」とY
が納入する分の「bY」の両方がZに対
して納入されるので，式は$Z = aX +
bY$となる。

（図2）

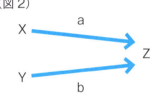

右の図3は，図1，2と違い，矢印
が連続している。この場合は最終地
点から順にさかのぼって考えていく。

（図3）

まずYのうち，bの割合でZへ納入するから次の式となる。

$Z = bY$……①

Yはもともとをaの割合で納入したものなので，次のように表せる。

$Y = aX$……②

①を②に代入すると，$Z = b \times aX$となるため，$Z = abX$と表すこと
ができる。

※この場合，「$Z = bY$」と「$Z = abX$」はどちらも正解となる。

👆 🔴最🔴重🔴要 ポイントはここ！

- 矢印は「納入する方向」，大文字は「数量と業者」，小文字は「納入
  する割合」をそれぞれ表している
- 矢印が連続するときは，最終地点からさかのぼって考える

物の流れと比率 | 179

■■ 例題1　物の流れと比率の問題

下の図はあるいくつかの業者で商品を納入する流れを表したものである。W，X，Y，Zは業者とその業者が持つ商品の量を表し，a，b，c，dは商品を納入する比率を表している。

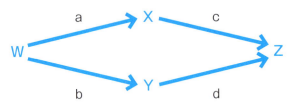

Zを表す式はつぎのうちどれか。

ア　$Z = acW + bdW$

イ　$Z = bW + dY$

ウ　$Z = acW + dY$

　1　アだけ　　　2　イだけ　　　3　ウだけ　　　4　アとイ

　5　イとウ　　　6　アとウ　　　7　アとイとウ　　8　すべて誤り

■■ 解答・解説

 解法の カギ　Zからさかのぼって式を作る

●まずはZ（最終地点）からさかのぼって考えていく

今回は矢印が連続しているため，Zからさかのぼって考えていく。

ZはXからcの比率で納入される分と，Yからdの比率で納入される分の合計だ。

よって，Z＝cX＋dYと表すことができる。
同じように「X＝aW」「Y＝bW」と表すことができる。

●式を代入してみる

Z＝cX＋dYは正しい答えだが，選択肢にはない。
そこでZ＝cX＋dY，X＝aW，Y＝bWの3つの式を使い，代入をして新しい式を作る。

〈代入の仕方〉

Z=cX + dY
Z=c × aW + dY — X=aWなので、
Z=acW + dY　　　Xの部分をaWに入れ替える

したがって，「ウ」は正解となる。
同じように，Z＝acW＋dYにY＝bWを代入すると，
Z＝acW＋bdWと表すことができる。
よって「ア」も正解になる。

正答：**6**

> ⚠ **ワンポイントアドバイス**
>
> ● 最終地点からさかのぼって式を作る
> ● 式を代入して，選択肢と同じになるかを考える

SPIの種類

SPIにはさまざまな種類があり，主に検査内容と受験対象者によって次のように分類されています。

主な受験対象者	テスト名	検査の内容
大学新卒者	SPI-U	基礎能力検査＋性格検査
	SPI-A ※ SPI-U の短縮版	基礎能力検査＋性格検査
	SPI-B	基礎能力検査＋性格検査
	SPI-US*	基礎能力検査＋性格検査＋構造的把握力検査
	SPI-UE*	基礎能力検査＋性格検査＋英語能力検査
	SPI-USE*	基礎能力検査＋性格検査＋構造的把握力検査＋英語能力検査
中途採用者	SPI-G	基礎能力検査＋性格検査
	SPI-GE*	基礎能力検査＋性格検査＋英語能力検査
高卒者	SPI-H	基礎能力検査＋性格検査
すべて	SPI-P	性格検査のみ

＊テストセンターのみで実施

このようにSPIには，さまざまな種類があります。大学や短大，専門学校新卒者の採用試験では主にSPI-UとSPI-Aが実施されています。出題内容はおおむね共通していますが，SPI-GはSPI-Uに比べると難易度が高いといわれています。

第4章

言語問題

【言語問題の特徴と出題範囲】

　本章では，SPIを中心にSCOA，公務員試験ではどのように出題されるかなど，各試験の出題傾向の特徴や違いを解説していきます。

出題範囲・頻出度まとめ

　言語問題については，SPIはどの分野もまんべんなくよく出題されますが「空所補充」「文章整序」はテストセンター形式とWEBテスト形式でのみ出題されます。「2語の関係」「語句の意味」「複数の意味を持つ語句」は，一般的な公務員試験では出題がありません（Lightや社会人基礎試験では出題があります）。

※ただし，出題傾向が変わるなどして今後出題される可能性はあります。

分野	頻出度		
	SPI	SCOA	公務員試験
2語の関係	★★★	★	―
語句の意味	★★★	★★	―
複数の意味を持つ語句	★★★	―	―
長文読解	★★★	★★★	★★★
空所補充	★★	★★	★★
文章整序	★★	★	★★

出題の傾向と対策

SPI

　主に中学レベルの内容の問題が中心になります。他試験に比べて，長文読解よりも知識問題の割合が多くなっています。「2語の関係」のように，解法のパターンを知っていれば解ける問題があるのも特徴です。「文章整序」も，対策しているかどうかで本番での得点が大きく変わるため，しっかりと勉強しておきましょう。

SCOA

　主に高校レベルの内容が中心になります。大きく分けて，文脈を理解しているかを確認する「長文読解」と知識的な確認をする「知識問題」の２種類の問題があります。それぞれ約半分ずつ出題されることが多いです。長文読解は２問あり，それぞれ５つの設問が用意されています。知識問題で出題される語句は，例年日常生活で使用するレベルのものがほとんどです。

公務員試験

　主に高校レベルの内容が中心になります。基本的には長文読解が出題されます。なかには空所補充や文章整序が含まれていることも多いです。長文読解は，「この文章の内容に含まれているのはどれか（内容把握）」「この文章の要点は何か（要旨把握）」の２つが中心になっています。ことわざなどの知識問題は，高卒程度の試験では出題されやすいですが，それ以外の試験ではほぼ出題されません（Lightや社会人基礎試験では出題されています）。古文は，最近の地方公務員試験では出題されなくなってきています。

各試験共通のポイント

　言語問題の「長文読解」は，解くのに時間がかかりますが，文章を読みこめば答えがわかることが多いです。一方で，「知識問題」は一定時間考えてわからなければ，それ以上考えても答えを導き出すことは難しい場合が多いため，テンポよく解くのがポイントです。長文問題にたどり着いた時には残り時間が足りなくなっていたという状況は，避けなければいけません。

　時間が足りない場合は，効率的に文章を読む工夫をしてみましょう。設問を読んでから問題文を読み始めると，あらかじめ問われていることがわかっているので，答えを探す感覚で文章を読むことができ，時間の短縮になります。

22 ２語の関係

▶ 出題の傾向と対策

２語の関係では，例題と同じ関係性になっているペアを選択肢の中から選ぶ問題が出題される。一見すると言葉がたくさん出てくるのでややこしく感じるが，実際は７つのパターンに分類できる。例題がどのパターンに当てはまるかわかれば，さほど難しくはない。ぜひ対応できるようにしておこう。

- SPIでは頻出のテーマ。７つのパターンを覚えておくと，楽に解けるようになる。
- SCOAでは「対義語」「読み方が同じ語句（同音・同訓）」が出題される。
- 公務員試験では基本的に出題されないが，Lightや社会人基礎試験では出題されることがある。

> ２つの言葉の関係性を
> 見極めるにゃ！

▶ 問題はこう解く！

◉ ７つのパターンの意味と具体例

①**同義語**　→同じ意味の言葉

（例）原因：理由，筆記：記述

②**対義語**　→反対の意味の言葉

　　(例) 平日：休日，原因：結果，許可：禁止

③**どちらかの一部**

　　→片方がもう片方の一部になっている (一方に含まれる関係)

　　(例) 牛：動物　→牛は動物の一部 (動物に含まれる)

　　(例) たんぽぽ：植物　→たんぽぽは植物の一部 (植物に含まれる)

④**仲間**　→２つの言葉が同じグループに属する仲間

　　(例) はさみ：のり　→はさみものりも文房具の仲間

　　(例) 飛行機：自動車　→飛行機も自動車も乗り物の仲間

⑤**原材料**　→一方がもう一方の原材料になっている

　　(例) 豆腐：大豆，本：紙

⑥**役割**　→片方がもう片方の役割を表す

　　(例) 接着：のり，縫製：ミシン

⑦**主語動詞目的語**

　　→主語と動詞，動詞と目的語の関係になっている

　　(例) 診断：医師　→医師 (主語) が診断する (動詞)

　　(例) 耕起：田畑　→田畑 (目的語) を耕起する (動詞)

最重要ポイントはここ！

● ２語の関係には７つのパターンがある

● それぞれのパターンの意味と具体例を知っておく

➕➕ 例題1　2語の関係の基礎問題

次の2つの言葉の関係と同じ関係をア〜ウの中から選びな
さい。

野菜：農作物

ア　ウサギ：動物

イ　ヨーグルト：牛乳

ウ　新聞：メディア

1　アだけ　　　2　イだけ　　　3　ウだけ　　　4　アとイ

5　イとウ　　　6　アとウ　　　7　アとイとウ

8　1〜7のいずれでもない

■■ 解答・解説

 7つのパターンのどれに該当するかを見る

●それぞれの選択肢について関係を確認する

まずは例示された「野菜：農作物」が前項で示した7つのパターン（同義
語・対義語・どちらかの一部・仲間・原材料・役割・主語動詞目的語）
のうち，どの関係性に当たるかを見てみよう。

「野菜は農作物の一部」なので，どちらかの一部という関係だ。この関
係にある2つの言葉をア〜ウから探す。

1つずつ確認すると，

ア　ウサギ：動物

　　ウサギは動物の一部であり，「どちらかの一部」の関係に該当する。

イ ヨーグルト：牛乳

ヨーグルトは牛乳から作られる。牛乳はヨーグルトの「原材料」という関係であり，「どちらかの一部」には該当しない。

ウ 新聞：メディア

新聞はテレビや雑誌などの数あるメディアの一部だ。なので「どちらかの一部」に該当する。

よってアとウが該当し，**6**が正答である。

正答：**6**

SCOAではこう出題される

「トラブルの解決を<u>はか</u>る」
下線部の漢字として最も適するものを選択肢から1つ選びなさい。

1 計る　　2 測る　　3 図る　　4 量る　　5 謀る

正答：**3**

【解説】

どれも訓読みが「はかる」となる同訓問題。「図る」と「謀る」はどちらも「計画する」意味で使うが，「解決するために計画する」ときは「図る」で，「悪事を計画する」ときは「謀る」と覚える。

> ❗ **ワンポイントアドバイス**
>
> ● 例示された2語の関係を見極める
> ● 各選択肢の2語の関係を見極める
> ● 例題を解くときは，すべての選択肢について，7つのパターンのうちどの組み合わせかを確認しておく

次の2つの言葉の関係と同じ関係になる語句をア～ウから選びなさい。

診察：医師

建築：□□

ア　家
イ　大工
ウ　建設
エ　仕事

1　アだけ　　2　イだけ　　3　ウだけ　　4　エだけ
5　アとイ　　6　イとウ　　7　アとウ
8　1～7のいずれでもない

■■ 解答・解説

 解法の**カギ** 言葉が所属するグループより関係性に着目する

●例題の2語の関係を確認する

まずはすでに学習したように，例示された「診察：医師」が7つのパターン（同義語・対義語・どちらかの一部・仲間・原材料・役割・主語動詞目的語）のうち，どの関係性に当たるかを見てみよう。

「医師が診察をする」ので「主語・動詞」の関係になっている。

●それぞれの選択肢について2語の関係性を確認する

「動詞：主語」の関係になっている2つの言葉をア～ウから探そう。1つずつ確認していく。

ア　建築：家

「家を建築する」ので，「動詞：目的語」の関係である。そのため，例題と同じ組み合わせにはならない。

イ　建築：大工

大工（主語）が建築する（動詞）ので，これは「動詞：主語」の関係になっている。

ウ　建築：建設

建築も建設も「建物を建てる」という意味の「同義語」である。そのため，例題と同じ組み合わせにはならない。

エ　建築：仕事

数ある仕事の中の1つが「建築すること」なので，これは「どちらかの一部」になる。そのため，例題と同じ組み合わせにはならない。

よってイが該当し，**2**が正答である。

正答：**2**

!　**ワンポイントアドバイス**

● 内容が関連している言葉に惑わされない
● あくまで2語の関係性を考える

23 語句の意味

▶ 出題の傾向と対策

語句の意味は言葉の意味を知っているかどうかを問う問題だ。日頃から知識を増やすのはもちろん，知らない語句が出てきたときの対処法を知っておくことが必要。ポイントは「それぞれの漢字の意味から語句の意味を推測する」「明らかに間違いとわかる選択肢を最初に消す」の2つだ。特に「それぞれの漢字の意味から語句の意味を推測する」ことができるかどうかで得点が大きく変わるので，方法を確認しよう。

- SPIでは出題されやすいので，2つのポイントを押さえておく。
- SCOA試験では四字熟語，ことわざ・慣用句が出題される傾向にある。
- SCOAはSPIに比べ，漢字の意味からの推測だけでは解くことが難しい問題が多い。もとの語句の意味を知らないと解けないため，事前に頻出単語を確認する必要がある。
- 一般的な公務員試験では出題されないが，Lightや社会人基礎試験などでは出題されている。

SPIはテストセンターやペーパーテストでは出るけど，WEBテストでは出ないにゃ

▶ 問題はこう解く！

◉ 漢字から意味を推測する

意味を知らない言葉が出題された場合は，意味を推測していこう。そこで手がかりになるのは漢字だ。漢字は一文字一文字意味を持っている。明確な意味がわからなかったとしても，少なくとも選択肢を絞り込むことはできるだろう。では，実際にある言葉の意味を推測してみよう。

「**看過**する」という言葉の意味を問われたとする。

「**看**」＝子どもや病人などの面倒を看る（みる），介抱する

（使用例）子どもの面倒を看る，患者の様子を看る

「**過**」＝過ぎる（すぎる）

（使用例）病院の横を通り過ぎる

2つの漢字の意味を合わせると，「看（み）たけれど，過ぎた」となる。これが本来の意味と近いかどうかを確認しよう。

「看過する」はもともと，「見逃す」や「見過ごす」といった意味なので，推測によって正解に近い意味を導き出せたといえる。

◉ より高得点を取るために

覚えた単語の意味を忘れないためには，例文の中での使い方を一緒に覚えるのが効率的だ。「その不正は決して看過できるものではない」（その不正は見過ごすことができない）というように例文を確認する。また，1つの言葉を覚えたらその類義語や対義語も調べて，関連する知識を広げていくと頭に入りやすい。

「看過」の類義語→「黙認」「見て見ぬふり」など

「看過」の対義語→「注目」「重視」「摘発」など

👆 最重要 ポイントはここ！

● 明らかに間違いとわかる選択肢は最初に削る

● 漢字を組み合わせた言葉はそれぞれの漢字から意味を推測する

■ 例題 1 熟語の意味の問題

下線部と意味が合致する選択肢を選びなさい。

「計画や事業が急に駄目になること」

- -

1　逢着
2　頓挫
3　果断
4　迎合
5　懐古
6　1〜5のいずれでもない

■ 解答・解説

 解法の カギ 漢字に注目する

●まずは選択肢を絞る

問題で意味が提示されて, それに合う語句を選ぶタイプの問題の場合は, 最初に選択肢を減らしていく。この問題では「駄目になること」という部分から, マイナスの意味を持つ選択肢に絞れる。

「断(断念する)」と「挫(挫ける)」を含む「頓挫(とんざ)」と「果断(かだん)」の2つに絞り, それぞれの漢字の意味を確認していく。

「**頓**」=急に, にわかに, その場で
(使用例) 頓智 (とんち) を働かせる, 頓服薬 (とんぷくやく=一時的に症状を鎮める薬) を飲む

「**挫**」=挫ける (くじける), 折れる, 勢いがなくなる

（使用例）挫折する，捻挫する

「**果**」＝果たす（やり遂げる）
熟語では「思い切りよく」や「結果」の意味を持つことが多い

「**断**」＝決断する，断る

●2つの漢字の意味を合わせてみる

それぞれの意味が確認できたら，2つの意味を合わせて意味を推測しよう。

頓＝急に＋挫＝挫ける→「急に挫ける」「急に物事が駄目になる」と推測できる。

果＝思い切りよく＋断＝決断する→「思い切りよく物事を決める」と推測できる。

「頓挫」は「計画が頓挫する」などの使い方ができるため，正答は**2**である。

正答：**2**

SCOA ではこう出題される

りゅうとうだび
「**竜頭蛇尾**」の意味として，正しいものを1つ選びなさい。

1 初めは勢いがいいが，終わりはふるわないこと

2 全くやましいところがないこと

3 物事の完成において，最後に行う重要な仕上げのこと

4 危機が迫って生き残れるかどうかの瀬戸際の様子

正答：**1**

【解説】
竜頭＝頭（最初）は竜のように勢いがいい様子，蛇尾＝尻尾（最後）は蛇のように勢いがなく，ふるわない様子を表している。

「晩成」の意味として，最も適切なものを１つ選びなさい。

1 人並外れたものや人
2 興味深いところ
3 普通よりも遅くできあがること
4 さまざまな事柄
5 だんだんと進むこと
6 １〜５のいずれでもない

■■ 解答・解説

 解法の カギ 漢字に注目する

●意味がわからないときは漢字から推測する

前項で取り組んだように，意味がわからないときは使われている漢字の意味から推測していく。「**晩成**」は「ばんせい」と読む。「晩」と「成」のそれぞれの意味を見てみよう。

「**晩**」＝時期が遅い（「朝昼晩」の晩からも「遅い」という意味をイメージできる）
（使用例）晩餐会を開く，晩秋の風景

「**成**」＝できあがる・成し遂げる
（使用例）子どもが成人する，事業が成功する

２つの意味を合わせてみよう。
晩＝遅い＋成＝できあがる → 「普通よりも遅くできあがること」とい

う意味になる。
よって正答は**3**となる。

正答の選択肢以外の語句についても，当てはまる言葉を一緒に学んでおくと，さまざまな表現に対応できるようになる。

1　人並外れたものや人→「大器（たいき）」
「大器晩成」という四字熟語で「晩成」とセットで使われる。
「大器晩成」は，偉大なものや人は完成するのに時間がかかるという意味。

2　興味深いところ→「佳境（かきょう）」
「佳」＝よい，美しい　「境」＝区切られた土地，場所
2つの漢字の意味を合わせると，よいところ，興味深いところの意味になる。
（使用例）話題が佳境に入る

4　さまざまな事柄→「諸般（しょはん）」
「諸」＝もろもろ，さまざま　「般」＝物事の種類
さまざまな事柄という意味になる。
（使用例）諸般の事情によりイベントは中止された

5　だんだんと進むこと→「漸進（ぜんしん）」
「漸」＝しだいに，少しずつ　「進」＝進む
（使用例）目標に向かって漸進する

正答：**3**

> **！ ワンポイントアドバイス**
> ● 1つ1つの漢字の意味から内容を推測しよう

24 複数の意味を持つ語句

▶ 出題の傾向と対策

１つの言葉でも，使い方によって意味が変わることがある。たとえば「〜れる」という言葉は「好きなものはたくさん食べられる」ならば「好きなものはたくさん食べることができる」という可能を表す意味だが，「ピザの最後の１枚を妹に取られる」の場合は受け身の意味になる。SPIでの出題パターンはほぼ決まっているので，攻略は難しくない。１つ１つ整理しながら勉強していこう。

- SPIでは使い方によって複数の意味を持つ語句がよく出題される。
- SCOA，公務員試験では，基本的に出題されない。

一般常識で解けるだけに，速さと正確さが大事。普段から言葉の使い方に注意を向けよう！

▶ 問題はこう解く！

● ３つのパターンを攻略

「複数の意味を持つ語句」では，出題要素は次の３つが多い。

① 用法の違い：「看る，診る，観る」など

② 比喩的用法：「手に余る」「目に入れても痛くない」など体の部分を使ったたとえや，「森が話しかける」などの擬人化表現

③<u>文法</u>：格助詞「で，に，の，と，から」や，助動詞「れる，られる，そうだ」など

◉別の言葉で言い換えると区別しやすい

ここでは，最も迷いやすい③の格助詞について例題を見てみよう。

(例題) 下線部と最も同じ意味で使われている選択肢を選びなさい。
「カフェ<u>で</u>コーヒーを飲む」
1「仕事<u>で</u>同窓会に行けない」
2「電車<u>で</u>大学に通う」
3「公園<u>で</u>ランニングをする」

この問題では「で」のさまざまな使い方を問われている。「で」の意味するところを別の言葉で言い換えてみると区別しやすくなる。
「カフェ<u>で</u>コーヒーを飲む」は言い換えると「カフェ<u>という場所で</u>コーヒーを飲む」になる。
この場合の「で」は場所を表している。ポイントは，できるだけはっきりと意味のわかる言葉に言い換えることだ。選択肢にある「で」も言い換えてみよう。
1仕事<u>で</u>同窓会に行けない→仕事<u>があるせいで</u>同窓会に行けない
　「で」＝理由・原因を表す格助詞
2電車<u>で</u>大学に通う→電車<u>という手段で</u>大学に通う
　「で」＝方法・手段を表す格助詞
3公園<u>で</u>ランニングをする→公園<u>という場所で</u>ランニングをする
　「で」＝目的・場所を表す格助詞
正答は**3**。このように言い換えるとそれぞれの「で」の意味がはっきり区別できる。

🖐 最重要 ポイントはここ！

●**別の言葉で言い換えてみる**
●**品詞とそれぞれの用法を復習できるとさらに解きやすくなる**

▐▌ 例題1 複数の意味を持つ語句の問題

下線部と同じ意味で使われている選択肢を選びなさい。

「髪の長い女性と出会った」

1 「綿100%の服を着ている」
2 「妹のお菓子を食べた」
3 「宿題が多いのはつらい」
4 「母の作る料理はおいしい」
5 「やるのかやらないのかをはっきりさせる」

▐▌ 解答・解説

 解法の カギ 別の言葉で言い換えて区別する

●格助詞「の」の用法を確認する

前項で学んだように，複数の意味を持つ語句の問題は，問われている部分を別の言葉で言い換えると意味の違いがはっきり区別できる。

「髪の長い女性と出会った」を言い換えると，

「髪が長い女性と出会った」といえる。髪＝長い，すなわち「の」には髪の状態を表す役割があり，主格を表す「の」であることがわかる。

次に，選択肢1〜5の中から「の→が」と言い換えても意味が通じるものを探していこう。

1「綿100%の服を着ている」→「綿100%でできた服を着ている」
何でできているか（原材料）を意味する「の」である。「が」に言い換え

ることはできないので×。

2「妹のお菓子を食べた」→「妹のものであるお菓子を食べた」
誰のものであるか（所有格）を意味する「の」である。「が」に言い換えることはできないので×。

3「宿題が多いのはつらい」→「宿題が多いことはつらい」
〜すること，〜なことという体言としての「の」である。「が」に言い換えることはできないので×。

4「母の作る料理はおいしい」→「母が作る料理はおいしい」
主格を表す「の」であり，「が」に言い換えることができる。

5「やるのかやらないのかをはっきりさせる」→「やるかまたはやらないのかをはっきりさせる」
「AまたはBなのか」という並列を表す「の」である。「が」に言い換えることはできないので×。

4だけが「が」に言い換えることができるとわかったので，正答は4である。

正答：**4**

- 言い換えは意味の違いがはっきり区別できる言葉で行う
- その他の格助詞の用法も確認しておこう
  に：受身，結果，原因，目的，時間，基準など
  と：結果，相手，比較，並列，引用など
  から：起点，根拠，経由点，受身，原料など

4
章

言語問題

下線部と同じ意味で使われている選択肢を選びなさい。
「妹はテレビばかり見ている」

1 「5分ばかり待ってほしい」
2 「確認をしなかったばかりにミスが起きた」
3 「跳び上がらんばかりに驚いた」
4 「さっき起床したばかりだ」
5 「弟はお菓子ばかり食べている」

解答・解説

 解法の カギ 同じパターンの言い換えができれば正解

●「ばかり」の用法を確認する

この問題も前項と同様に，まず，下線部を別の言葉で言い換えてみよう。
「妹はテレビばかり見ている」を言い換えると，「妹はテレビだけを見ている」となる。これは，限定を表す「ばかり」である。

次に，選択肢1〜5の中から「ばかり→だけ」と言い換えても意味が通じるもの（限定を意味するもの）を探す。

●各選択肢を言い換えてみる

1 「5分ばかり待ってほしい」→「5分くらい待ってほしい」
  分量を表す「ばかり」で，「だけ」には言い換えられないので×。「5分だけ」でも通じると思うかもしれないが，数字の後に付く「ばかり」はおおよその分量を表し，限定を表すわけではないので注意が必要。

2「確認をしなかったばかりにミスが起きた」→「確認をしなかったために ミスが起きた」

ここは，〜のために（原因）を意味する「ばかり」だ。「だけ」には言い 換えられないので×。

3「跳び上がらんばかりに驚いた」→「今にも跳び上がりそうなくらい驚 いた」

「今にも〜しそう」なときに使う「ばかり」であり，「だけ」には言い換 えられないので×。

4「さっき起床したばかりだ」→「さっき起床したところだ」

ちょうど完了したことを表す「ばかり」で，「だけ」には言い換えられ ないので×。

5「弟はお菓子ばかり食べている」→「弟はお菓子だけを食べている」

「お菓子だけ」と限定しているので，5が正答である。

正答：**5**

SCOA ではこう出題される

SCOA では「複数の意味を持つ語句」は出題されない傾向にある。ここで は SCOA でよく出題される慣用句の問題を確認しよう。

「立つ瀬がない」の意味として最も適するものを1つ選びなさい。

1 いつまでも実現の見込みのないこと。　　**2** 恩をあだで返されること。

3 自分の立場がなくなること。　　**4** その場の雰囲気を険悪にすること。

正答：**3**

【解説】

「立つ瀬がない」は立場・面目がない，世間に対して顔向けできないなどの意味で使う。

！ ワンポイントアドバイス

- 助動詞の用法も確認しておこう

れる，られる：受身，尊敬，可能，自発

そうだ：伝聞，性質に対する予測，状態に対する予測

25 長文読解

▶ 出題の傾向と対策

長文読解は，長文を読んで空欄を補充したり（空所補充），書かれている内容と合う選択肢（内容把握）や長文の要旨や筆者の主張と合う選択肢（要旨把握）を選ぶ問題である。中学・高校で勉強した現代文の読解問題を思い出すとイメージしやすいだろう。小説よりも評論などの論理的文章の出題が中心で，「文章を通して何を伝えたいか」を読み取れるかどうかが勝負の分かれ目になる。テストごとに文章が違うため，実力勝負と思われがちな分野だが，解法のパターンがあるため，しっかりと対策しておこう。

- SPIでは，ペーパーテスト，テストセンター，WEBテスティングサービスのどの方式でも出題される。空所補充・下線部の意味・内容把握などが出題されやすい。
- SCOAでは，言語分野の約20問のうち，半分の10問が長文読解から出題される。2題の長文に対し，設問が各5問ずつ用意されている。空所補充・下線部の意味など，バランスよく出題され，他試験と比べても難易度は高くない。
- 公務員試験では，他試験と違い，現代文・英文からの出題がある。出題割合はおおむね半分ずつで，大半が内容把握・要旨把握に関する出題である。

> SPIでは，1つの長文に3つくらいの設問がついているパターンが多いにゃ

問題はこう解く！

●空所補充は前後の文章から判断する

前後の文章との関係から，空欄を含む文章がどんな意味を持つのかを考えよう（詳しくは，P.208「26　空所補充」参照）。

●選択肢を読んでから本文を読む（内容把握）

要旨把握と違い，キーワードの前後に答えやヒントが書かれていることが多い。先に選択肢を読み，設問に関係する部分は文の関係を整理するように読もう。それ以外の本文を読むときには時間をかけすぎないのも重要だ。

また，SPI，SCOA，公務員試験の内容把握では「本文に書かれていることを言い換えただけ（要約しただけ）」の選択肢が正解になることが多いため，言い換えている選択肢を探すのがポイントだ。

●本文に書かれていない内容は迷わず消す（要旨把握）

要旨とは，言い換えると「文章を通して筆者が何を言いたいか」である。どんなに素晴らしい内容であっても，本文に書かれていない以上は「要旨」にはならない。迷わずに選択肢から消していく。

また，要旨把握の問題で最後に迷うのは本文に書かれている選択肢が複数あるとき，どちらを選ぶかだ。つまり，どちらも本文に書かれているが，片方は「主軸となる内容」でもう片方は「主軸ではない内容」である。これを見極めるためには文章を読む段階で「筆者の主張」や「文章のテーマ」を探しながら読むとよい。

🖐️ 最重要 ポイントはここ！

- ●空所補充→前後の文章から判断する
- ●内容把握→選択肢を読んでから本文を読む
- ●要旨把握→「筆者は何を言いたいのか」を探しながら読む

⠿ 例題1　要旨把握の問題

次の文章の要旨として，最も妥当なのはどれか。

　気候変動に起因すると考えられる気象災害等の頻発化は，経済・社会へ大きな被害をもたらすだけでなく，私たち人類や全ての生き物にとって，生存基盤を揺るがす事態になりかねません。

　地球温暖化が進行することによって気象災害の発生のリスクが高まると予想され，既存の想定を上回る気象災害等が発生し，従来の対策が通用しなくなる深刻な問題も生じるおそれがあり，気候変動対策を強化していくことが急務です。今後は新たに，災害の多い我が国の知見を活かしつつ，気候変動という要素を防災に取り入れた「気候変動×防災」の視点に立った社会変革が求められます。また，近年急速に発展しているAI・IoTといった情報通信技術を気候変動対策に取り入れていくことで，より効果的な対策を行っていくことも重要です。気候変動×デジタルといった掛け合わせを行うことで先駆的な気候変動対策を進めることでの社会変革も期待できます。

　社会変革は，新たな技術の開発によるものに加え，新たな社会的価値や経済的価値を生み出す経済社会システムのイノベーションによって起こることもあります。国，地方自治体，企業，国民といった全ての主体による気候変動に対する意識の変化から始まり，それぞれの主体が率先して行動を起こすことにより，脱炭素社会づくりに向けた社会変革が起こることが期待されます。

　気候変動対策への各主体の取組に加え，相互に関連する経済・社会の問題を統合的に解決し，地域の人々の安全で豊かな暮らしを実現できるような自立・分散型の地域社会づくりが重要になります。そこで，気候変動等の環境問題に立ち向かい得る地域社会をつくっていくため，我が国発の脱炭素化・SDGs構想である「地域循環共生圏」の実現が必要です。

　　　　　　　（環境省「令和2年版 環境白書・循環型社会白書・生物多様性白書」から引用）

ア　現在の地球温暖化の主な原因として考えられるものは二酸化炭素の排出のため，各主体が脱炭素社会に向けた取り組みを進める必要がある。

イ　自然災害が多い地域においては気候変動のみの対策だけでなく，それに伴って起きる災害を予見し，これまでのデータを参考に気候変動×防災の観点から対策を進める必要がある。

ウ　気候変動対策の取組に加え，相互に関連する問題を統合的に解決し，各地域の住民が安心できる自立・分散型の地域社会づくりが重要になる。

1　アだけ　　　2　イだけ　　　3　ウだけ　　　4　アとイ
5　イとウ　　　6　アとウ　　　7　アとイとウ
8　1～7のいずれでもない

■■ 解答・解説

🔑 解法の カギ　最初と最後の段落を注意して読む

●「筆者がこの文章を通じて最も伝えたいこと」を選ぶ

要旨把握のポイントは，文章全体に通じる内容の選択肢を選ぶようにすることだ。

試験に出される文章は，以下の構成になっていることが多い。

「問題提起」→「仮説・具体例・解決策など」→「まとめ」

つまり，最初の段落は「これからこのテーマについて話します」といったことが書かれていて，最後の文章で「私は最終的にこれが重要だと思います」ということがまとめられている。そのため，要旨を短い時間で探すには，最初と最後の段落を注意して読む必要がある。

●本文に書かれている内容でも主軸ではないパターンに注意する

アは脱炭素社会については書かれているが，地球温暖化の原因について本文では言及されていないため誤り。

イは第2段落の要旨である。「気候変動×防災」は自立・分散型の社会づくりのための具体的な方法の一つだと判断できる。文章全体を通したテーマ（筆者がいいたいこと）ではないため，誤り。本文に書かれているが主軸ではないパターンだ。1つの段落のみの要旨や，具体例などは要旨とならないことが多いと思っておくと良い。

ウは最後のまとめの段落に書かれている内容と合致し，最初の段落の問題提起の答えとしてもつながる。また，文章全体のテーマにも合致する。したがって，ウが該当し，**3**が正答となる。

正答：**3**

26 空所補充

▶ 出題の傾向と対策

空所補充は，文章の一部が空所にしてあり，そこに適切な語句を補充する問題である。学校の国語の試験でもよく出題されるスタイルなのでイメージしやすいだろう。とはいえ，紛らわしい選択肢が並べてある問題もあり，苦手意識を持つ人も多いようだ。

文章の趣旨をしっかり読み取るという基本さえ押さえておけばさほど難しくはないので，得点源になるように対策しておこう。

- SPIでは，WEBテストとテストセンターでのみ出題される。
- SCOAでは，長文の一部として出題されることが多い。
- 一般の地方公務員試験ではあまり出題されないが，国家や東京都特別区では頻出。Lightや社会人基礎試験でも出題される。

▶ 問題はこう解く！

◉前後の文を読んで意味の通る言葉を選ぶ

前後の関係がわかれば，答えが出る問題も多い。たとえば，次の文章の空所には下記の選択肢のうちどの言葉が入るか見てみよう。

印象派は，現代ではフランスを代表する芸術の一派として扱われるが，19世紀後半のフランスではまったくの（　　　）存在と思われていた。
1　一般的　　2　異端的　　3　保守的　　4　伝統的

正答は2異端的である。「〜であるが」で2つの文がつながっているということは，後半では，前半の内容とは逆の内容になると予想できる。

「1一般的」はどこにでもある存在という意味になり，「3保守的」「4伝統的」だと以前から存在して人々の間に定着していたことになる。どちらも前半の内容とは逆の内容にはなっていない。「2異端的」＝「非主流の，一部だけに受け入れられた」存在ならば意味が通る。

◉わかるところから埋めていく

空所が複数ある場合は，わかるところから埋めていく。
たとえば，次の空所ABCそれぞれに入る言葉の組み合わせを答える問題を解いてみよう。

恐竜が絶滅した（　A　）にはさまざまな説があるが，現在では巨大な隕石が地球に衝突したことによる（　B　）の変化説が（　C　）である。
ア　環境　　イ　有力　　ウ　原因

正答はA＝ウ，B＝ア，C＝イとなる。最初のAで迷ったならば，BとCを先に選んで残った選択肢をAにあてがえばよい。

◉先入観を捨てる

空所補充の問題では，先入観からつい選んでしまいたくなる選択肢が混ざっている場合がある。どの言葉が適切かを落ち着いて考えよう。

（　　　　）で最も大きい動物はゾウである。
1　地球上　　2　世界　　3　地上

正答は3の地上である。つい1の地球上を選びそうになるが，地球上で最も大きい動物はクジラである。

最重要ポイントはここ！

● 空所の前後の文からヒントを見つける
● 文章として筋が通るかどうか判断する

■■ 例題1　空所補充の問題

次の文章の空所に当てはまる語句として最も適切なものを答えよ。

　親の学歴と子どもの学歴には相関関係があると言われることがある。かつては，親の頭の良さが子どもに遺伝するという考え方があった。しかし，近年では，親が高学歴の場合，世帯収入も高いことが多く，（　　　　）に充てることができる支出の割合が高いことが関係していると言われている。

1　教育費
2　旅行
3　愛情
4　努力

■■ 解答・解説

 解法の　前後の文脈を把握する
カギ

●キーワードを探す

今回のような「よくある説」を扱った問題は頻出するので，ぜひ押さえておきたい。

空所補充では，自分の先入観で判断しないで文脈に沿って判断することが重要だ。特に空所の前後にはキーワードが隠れていることが多いので，しっかりと読もう。

上記の問題の場合，空所の前に「世帯収入」というキーワードが出ている。また空所の後には「割合」というキーワードがある。このことから，空

所に入るのは，お金に関係する言葉であると判断できる。

●話題の中心は何かを見る

「愛情」「努力」も，ある意味では学力に影響を与える要素であると考えることができるが，それはまた別の議論。空所の前で「世帯収入」について触れているので，金銭的な話を扱っていると考えるのが自然だ。

「旅行」も金銭的な要素といえなくもないが，「教育費」という，より学力に直接関係しそうな選択肢と比較すれば関連性は弱い。

したがって，正答は1の教育費となる。

正答：**1**

SCOAではこう出題される

SCOAや公務員試験でも，空所補充問題は出題されることがある。特にSCOAでは長文読解の中に組み込まれることもある。まずは短い文章で練習を繰り返し，ポイントを把握することが大切。

! ワンポイントアドバイス

● 先入観を排除して論理的な視点で読む

27 文章整序

出題の傾向と対策

文章整序とは，順序が整っていない複数の文章を意味の通る順に並び替える問題である。この分野は頻出な割に苦手とする人が多いので，ここでしっかり得点できれば有利になる。解き方をぜひ身に付けておきたいので，しっかりと対策しよう。

- SPIでは，WEBテスト，テストセンターのみで出題され，ペーパーテストでの出題はない。
- SCOAではほとんど出題されない。
- 一般の地方公務員試験ではあまり出題されないが，国家や東京都特別区では頻出である。

問題はこう解く！

◉順序を表す接続詞に注目する

文章の並び替えをするときに注目すべきなのは，文章の最初の接続詞である。「まず」「最初に」「第一に」などの接続詞があれば，冒頭にくる文章であることがわかる。

「そして」「つづいて」「さらに」「その後」などの接続詞があれば，途中にくる文章であると判断できる。

「最後に」「結局」「まとめると」などは，最後にくる文章の目印である。これらは，重要なヒントとなるので意識しよう。

●時間の流れを整理する

文章の中に時間に関する言葉があるときは大切な手がかりとなる。

たとえば,「明治時代,大正時代,昭和時代」など元号が登場する場合,通常は,時代の古いほうから新しいほうへ「明治→大正→昭和」の順に整理することができる。もしくは,新しいほうから古いほうへ「昭和→大正→明治」の順に並べることもできる。

他に時の流れに関係する言葉としては,次のようなものがある。

「かつては」「古くは」「昔は」「以前は」

「現在は」「最近は」「今では」「昨今は」

これらのキーワードに着目して,流れを整理することができる。

●出来事の展開に注目する

植物の成長は次のように展開する。

種を植える→芽が出る→茎が伸びる→葉が茂る→つぼみがつく→花が咲く→種ができる

このように,物事の展開は流れに沿って起こる。文章を見比べて,どちらが先に起こったか,どちらが先にくれば筋が通るかを考えていくと,おのずと順序を整えることができる。

●全体を読んで確認する

順序が整ったら,最後に全体を通して読んでみよう。違和感なく理解できる文章になっていれば,正解である。

最重要ポイントはここ!

●接続詞や文頭を意識する

●時間の流れや物事の展開に着目する

■■ 例題1　文章整序の基礎問題

下記の（A）～（D）にア～エの文章を入れて，意味の通る文章にしたときの正しい並び順を答えよ。

　太陽から来る光が地球の大気圏に突入すると，（A）（B）（C）（D）波長315nm以下の光は，人間が浴びると皮膚ガンや白内障等を引き起こし，多くの生物にも有害なため，オゾン層は人間を含む多くの生物にとって，とても大切なものなのです。

（公益財団法人環境科学技術研究所『環境研ミニ百科』48号から引用）

ア　その後，光は成層圏という中間圏よりは空気の濃い層を通過します。ここでは，酸素分子が波長200nm～240nm程度の光を吸収してオゾンが発生し，オゾンも波長300nm～320nm程度の光を吸収します。また，光のエネルギーを吸収することによって成層圏の空気は暖められて軽くなり，その下の空気とあまり混ざらなくなります。

イ　最初に中間圏という極めて空気の薄い層を通過します。太陽の光には広い範囲の波長の光が含まれていますが，波長の短いものほど気体に吸収されやすいために，中間圏を通る間に波長が280nm以下の光がほとんど吸収されてしまいます。

ウ　結局，オゾン層で波長が280nm～315nmの光を吸収するため，地表面では波長が315nm以下の光は，非常に弱められて届くことになります。

エ　その結果，オゾンの濃度が高い部分が成層圏の下部にできて，これを『オゾン層』と言います。

1　（A）ウ　（B）エ　（C）イ　（D）ア
2　（A）イ　（B）ア　（C）エ　（D）ウ
3　（A）ア　（B）イ　（C）エ　（D）ウ
4　（A）エ　（B）イ　（C）ウ　（D）ア
5　（A）イ　（B）ア　（C）ウ　（D）エ

解答・解説

解法の カギ　接続詞に注意して，文章のキーワードを整理する

●各文章の最初の接続詞がポイント

問題文は，オゾン層と太陽の光の波長の関係について述べている。科学的な用語も登場して難しく感じるかもしれないが，内容の難易度にかかわらず，各文章の冒頭にある接続詞に注目しよう。

それぞれを見てみると，イ「最初に」が一番目で，ウ「結局」が最後であることは明らかである。迷うのはア「その後」とエ「その結果」の順番だろう。

●話題の流れを見る

アとエの順番を決めるのに見るべきポイントは，この文章全体のメインテーマである「オゾン層」の話題がどのように扱われているかだ。アでは「光を吸収してオゾンが発生し」とオゾンについて初めて言及している。一方，エでは「その結果，オゾンの濃度が〜」とオゾンについてすでに触れた後の説明となっている。したがって，アがエより先にくることがわかる。

よって正答は，2のイ→ア→エ→ウの順となる。

正答：**2**

ア～エの文章の順番を入れ替えて意味の通る文章に変えたときの正しい並び順を答えよ。

　1961 年 1 月 20 日にアメリカの大統領ジョン・F・ケネディが行った演説である。

ア　我々は，最初の革命を今日受け継いでいるのが己であることを忘れてはならない。今ここから，味方にも敵にも，次の言葉を伝えよう。

イ　何故なら人類は，あらゆる形の貧困をも，そしてあらゆる形の人命をも消滅させ得る力を手に入れたからである。だが，我々の父祖らが掲げた革命的信条――人間の権利は，国家の厚意によってではなく神の手によって与えられるとの信条――は，今なお世界中で争点となっている。

ウ　本日，我々は党の勝利ではなく，自由の祭典，即ち始まりと共に終わりを象徴し，変革と共に再生を意味する祭典を祝っている。何故なら，私は諸君や全能の神の前で，我々の父祖らが約 175 年前に定めたのと同様の，厳粛な誓いを立てたからである。今や世界は，大きく変貌している。

エ　今世紀に生まれ，戦争によって鍛えられ，厳しく苦い平和によって訓練され，古き伝統に誇りを持つ我々米国民は，この国が常に擁護に努め，今も国の内外で擁護に努めている人権が，次第に剥奪されてゆくのを傍観も容認もする気はない。

オ　「松明は新世代の米国民に引き継がれた」と。

・・・

1　ウ　エ　イ　オ　ア　　　　2　オ　ア　エ　ウ　イ
3　ウ　イ　ア　オ　エ　　　　4　エ　イ　ウ　ア　オ
5　イ　ア　オ　エ　ウ

解法の カギ **キーワードを把握する**

●各文章の出だしと終わり方に注目すると流れが見える

多くの文章はいくつかの段落で構成されている。段落とは，言いたいことをひとまとまりにしたものである。各段落の始めと終わりを見ると，順番を知る手がかりとなる言葉が入っていることが多い。まず，ウの出だしを見てみよう。「本日～」と始まっている。この文章は大統領の演説なので，勝利演説だと想像でき，「本日」という言葉が最初にくるのが自然である。次に，ウの終わり方に注目しよう。「今や世界は，大きく変貌している」で，この次には，「世界が大きく変貌している」理由がくると予想できる。イの冒頭では理由を説明するときに使う「何故なら」に続いて，世界が大きく変貌している理由が述べられている。したがって，ウの後にイが続く。

●キーワードの言い換えに注目

これ以降は内容を吟味していこう。イでは「革命的信条」という言葉をキーワードとして語っている。これはアメリカが独立国となる合衆国憲法を制定したときの信条のことであり，アで出てくる「最初の革命」はこれを指している。つまり，「最初の革命」はイの「革命的信条」を言い換えるキーワードと解釈でき，イからアへとつながる。このように，重要ワードを別の表現で言い換える手法を見抜けると文章全体のつながりが見えやすくなる。さらにアの最後は「次の言葉を伝えよう」となっているので，次にはオの「松明は新世代の米国民に引き継がれた」が続く。残るエは，最初か最後になる。最初に入る文章としては唐突なため，最後の段落になる。よって，正答は**3**　ウ　イ　ア　オ　エ　となる。

正答：3

4章
言語問題

SPIのオプション
「英語能力検査」

SPIには能力検査と性格検査に加えて，オプションで英語能力検査と構造的把握力検査（→P.262）があります。オプションの検査となるため，必ずしも受験することになるとは限りません。主に外資系企業や総合商社，旅行会社，マスコミといった英語の能力を重視する企業を受験する場合に課せられることが多くなっています。

英語能力検査の問題の難易度は高校〜大学受験レベルで，試験時間は約20分になります。主に基礎的な文法問題や空所補充，長文読解などが出題されます。難易度はそれほど高くはないものの，制限時間内に多くの問題を解かなければなりません。そのため，長文を読むスピードが遅いと時間が足りなくなってしまうので，同様の問題を繰り返し解いて慣れておく必要があります。

また，基礎的な文法問題から長文読解まで総合的な英語力が求められるので日頃から参考書や問題集を活用して勉強しておくことが大切になります。

第5章

一般常識問題

【一般常識問題の特徴と出題範囲】

　本章では，SCOAで頻出度の高い「社会」「理科」「英語」「論理」について，各試験での出題傾向と問題の解き方を解説していきます。

出題範囲・頻出度のまとめ

　そもそもSPIでは，一般常識問題の「社会」と「理科」は出題されません。SCOAや公務員試験では，「社会」「理科」「英語」は，どのテーマもまんべんなくよく出題されています。「英語」の発音や英会話，和文英訳については，一般の公務員試験では出題されません。

分野	頻出度		
	SPI	SCOA	公務員試験
社会（人文科学・社会科学）	―	★★★	★★★
歴史	―	★★★	★★★
地理	―	★★★	★★★
公民	―	★★★	★★★
時事	―	★★★	★★★
理科（自然科学）	―	★★★	★★
物理	―	★★★	★★
化学	―	★★★	★★
生物	―	★★★	★★
地学	―	★★★	★★
英語	★	★★★	★★
発音	―	★★★	―
会話の応答	―	★★★	―
空所補充	★	★★★	★★
和文英訳	★	★★★	―
論理（判断推理・推論）	★★★	★★★	★★★

出題傾向と対策

SPI

「社会」と「理科」は出題されません。「英語」については，オプション試験で出題する企業もありますが，全体でみると少数となっています。

「論理」は，SPI非言語の「推論」という分野で出題されます。

SCOA

「社会」と「理科」はSCOAの「常識」という分野から出題されます。理科は「物理」「化学」「生物」「地学」の4テーマから出題され，社会は「歴史」「地理」「公民」の3テーマから1問以上出題があります。「時事」も出題テーマに含まれますが，まったく出題されないこともあります。「常識」の分野からは20〜30問出題されます。理科と社会で10問ずつ出題されることもあれば，社会（12問），理科（5問），時事（5問）という比率のときもあります。

公務員試験

公務員試験の教養試験では，社会科学として「政治」「経済」「社会一般」「時事」，人文科学として「日本史」「世界史」「地理」，自然科学として「物理」「化学」「生物」「地学」「数学」が出題されます。英語は主に「文章理解」という分野で出題されます。論理は「判断推理」という分野から出題されます。

各試験共通のポイント

「社会」は，SCOAと公務員試験で共通しているテーマの歴史や地理などから取り掛かるとよいでしょう。地理は地形や気候を世界地図を使って整理しながら知識をつけるのがおすすめです。

「理科」は，特定の分野からというよりも広い範囲から基本的な問題が出題される傾向にあります。そのため基礎〜中級レベルの問題をまんべんなく解けるように対策をしましょう。

28 社会（人文科学・社会科学）

出題の傾向と対策

SCOAにおける社会の問題は地理・歴史・公民・時事の4つの項目からの出題があるうえ、それぞれの分野の範囲が非常に広いので不安に思う人も多いだろう。しかし、ほとんどの問題は、難易度がそれほど高くない。特に、地理・歴史・公民については、中学生で習う範囲からの出題が基本となる。不安な人は公務員試験の要点整理集などを使って復習するとよい。広い範囲の知識をカバーするためには、電車での移動時などすきま時間を有効に使うのがおすすめ。

- SPIでは、出題されない。
- SCOAでは、各テーマの問題配分が年によって変わる。
- 公務員試験では「経済」からの出題もあるため、より広い知識が必要になる。

問題はこう解く！

◉歴史

- SCOAでは、日本史からの出題が多い。
- 「誰が」「何をした」のように、人物と出来事はセットで覚える。
- 年代は、何世紀または1500年代などおおまかに把握しておく。
- 主要な法令は、「名前」「時代」「目的」を押さえておく。
- 公務員試験では日本史、世界史ともに出題される。現代史を中心に勉強するとよい。

◉地理

- 国内外を問わず，各地域の<mark>気候や地形，産業</mark>などが幅広く問われる。
- 内容は基礎的なことなので，公務員試験の要点整理集なども参考に一般常識として知っておくべきことを押さえる。
- 歴史，時事問題との並行学習がおすすめ。

◉公民（政治）

- SCOAでは，ほとんどは<mark>憲法，国会，三権分立などを扱う中学校の公民の授業で習う内容</mark>から出題される。公務員では外国の政治制度も合わせて確認しておくことが必要である。
- 基本的人権の中の「〜権」の内容や，日本国憲法の三大理念，国会議員の任期や人数などの重要事項を，公務員試験の要点整理集などで確認する。

◉時事

- 文字通り，現在世の中で起こっている出来事が出題される。出題内容は毎年変化するので，日頃から<mark>新聞やインターネットでニュースを確認しておく。</mark>
- 時事情報は民間就活にも役立つので，習慣的にチェックしておく。
- ニュースによく登場する「IoT」「SNS」など<mark>アルファベットで表される略語</mark>は，それぞれの頭文字の意味を知っておく。

◉経済

- SCOAでは，基本的に出題されない。
- <mark>需要，供給，経済政策，財政，国民所得</mark>などについて出題されることが多い。
- 公務員試験（市役所）では，<mark>ミクロ経済</mark>からよく出題される。
- 大学生向けの入門用の参考書で勉強するとよい。

最重要 ポイントはここ！

- 公務員試験の要点整理集などを使って勉強する
- 移動中の時間を効率的に使う

■■ 例題1　公民の問題

日本国憲法では，基本的人権の1つとして「裁判を受ける権利」が認められている。この「裁判を受ける権利」は選択肢の中のどの権利に属するか。

1　生存権
2　社会権
3　請求権
4　平等権
5　自由権

■■ 解答・解説

 解法のカギ　基本的人権を構成する権利を知っておく

「裁判を受ける権利」は，基本的人権の1つである「請求権」に含まれる。請求権とは，主に国民の権利が侵害された際，国や地方公共団体に対し，救済を求める権利のことである。請求権には，「裁判を受ける権利」以外に「国家賠償請求権」「刑事補償請求権」の計3つが含まれる。それぞれの内容は，以下の通りである。

「裁判を受ける権利」：国民の権利が侵害された際に裁判所に訴えることができる権利。どの立場であろうと，偏りのある解決方法は許されない。全国民は，事実に基づいて公平な裁判を受ける権利がある。

「**国家賠償請求権**」：**公務員の不法行為**により損害を受けた際に，国や地方公共団体に賠償を請求できる権利。

「**刑事補償請求権**」：逮捕された人が裁判で**無罪になった場合，国に対して補償を求める**ことができる権利。

なお，請求権とは別に「請願権」があり，混同しやすいので注意する。請願権とは，**政治上の要望**について**国や地方公共団体の議員に対して要望を伝える権利**のことである。請求権に含まれるという考え方と，国民の意見を政治に反映させるという観点から**参政権**に含まれるという考え方がある。

正答：**3**

主な権利の名称

自由権	身体の自由，精神の自由（信教・学問など），経済活動の自由
平等権	法の下の平等（人種・性別などで差別されない）
参政権	選挙権，被選挙権，国民投票，国民審査，住民投票など
請求権	裁判を受ける権利，国家賠償請求権，刑事補償請求権など
社会権	生存権（健康で文化的な最低限度の生活を営む権利），教育を受ける権利，労働基本権など

! ワンポイントアドバイス

基本的人権は要注意項目

憲法は国の根幹をなす法律なので，公民の対策を兼ねて，社会人としてぜひ基本的な考え方を把握しておきたい。その中でも基本的人権は，構成する権利の種類が多岐にわたり，覚えるべき用語も多い。細かい漢字や「第△条」といった詳細よりも，それぞれの権利のおおまかな「目的」と「内容」（どんな権利が含まれるかなど）を整理しておくことが重要だ。

例題2 地理の問題

ユーラシアプレートとインド・オーストラリアプレートが
衝突してできた山脈の名前として正しいものを選択肢の中
から1つ選びなさい。

1　アルプス山脈
2　ヒマラヤ山脈
3　ロッキー山脈
4　アンデス山脈
5　飛騨山脈

解答・解説

 解法の **カギ** **世界の地理のおおまかな知識を押さえる**

この問題は山脈とプレートの関係について問われている。各山脈につい
てそれぞれの選択肢を確認しておく。

1　アルプス山脈
ヨーロッパの代表的な山脈。オーストリア，イタリア，フランス，スイ
スなどにまたがる。

2　ヒマラヤ山脈
アジア大陸のインド，ネパール，ブータン，中国，パキスタンの5か国
にまたがる山脈。ユーラシアプレートとインド・オーストラリアプレー
トが衝突してできた。世界最高峰のエベレスト（チョモランマ）があり，
登山家がよく訪れることでも有名である。

3　ロッキー山脈

北アメリカ大陸の西部に位置する山脈。環太平洋造山帯の一部である。
国立公園などもあり，大部分を森林が占めている。

4　アンデス山脈

南アメリカ大陸を南北に走る「世界一長い」山脈。インカ文明の遺跡で
あるマチュピチュが存在する。

5　飛騨山脈

> 北アルプスとも呼ばれる

日本アルプスを構成する山脈の1つ。新潟・富山・長野・岐阜4県にま
たがる。

ユーラシアプレートとインド・オーストラリアプレートが出合うのはア
ジア大陸であり，ヒマラヤ山脈のことを言っているとわかる。

正答：**2**

世界の主なプレート

■■ 例題3 歴史の問題

江戸時代に幕府が制定した，幕府に無断での大名の結婚や城の修繕などを禁止した法令をなんと言うか。選択肢から最も適するものを選びなさい。

1　参勤交代
2　御成敗式目
3　禁中並公家諸法度
4　武家諸法度
5　生類憐みの令

■■ 解答・解説

 幅広い時代について要点を絞って学ぶ

この問題は，江戸時代の法令について問われている。
4の「武家諸法度」は江戸幕府が諸国の大名を統制するために制定した基本法であり，これが正答である。

その他の選択肢についても趣旨を確認しておく。
1　参勤交代
大名が1年おきに江戸と領地を行き来する制度であり，武家諸法度の一部である。

2　御成敗式目
鎌倉時代の基本法。裁判の基準や御家人の権利・義務などが記されている。

3　禁中並公家諸法度

江戸幕府が天皇や公家の行動を制限し，幕府との関係を確立させるために出した法令。

5　生類憐みの令

江戸時代に，5代将軍徳川綱吉が出した殺生を禁止する法令。

正答：**4**

主な法令の名称

三世一身の法	奈良	新たな灌漑施設を設けて開墾した場合は，3世代まで土地の私有を認める
永仁の徳政令	鎌倉	債権債務の無効を定めた法令。いわゆる「御家人の借金を帳消しにする」法令
けんむ 建武式目	南北朝 （室町）	足利尊氏が定めた17条で構成される武家法。幕府の施政方針を定めたもの
公事方御定書	江戸	徳川吉宗が享保の改革に定めたもので，裁判を公正なものとするために，裁判基準を設けたもの

> ❗ **ワンポイントアドバイス**
>
> ## 主要な人物・出来事・法令などをセットで覚える
>
> 歴史の分野は出題範囲がとても広い。すべての時代を深堀りするのは難しいので，各時代の代表的な出来事や重要人物の名前を押さえる。重要人物については，その人物に関係する主要な出来事や法令名などをセットで学習するのが効率的だ。

⊞ 例題 4　時事の問題

近年ではインターネットを使った商品の売買が普及し，インターネット上で決済可能なサイトも増えてきている。このことと最も関連が深い言葉を選択肢の中から選びなさい。

1　IoT
2　EC
3　AR
4　MVNO
5　AI

■■ 解答・解説

🔑 解法の カギ　IT 関連用語は特に注目しておく

今回は，ITに関連する略語の出題である。一見難しいと思っても，それぞれのアルファベットが何の頭文字なのかがわかれば解答できる。英語の学習にもつながるので，調べておく。

各選択肢について確認する。

1　IoT

Internet of Thingsの略。身の回りのものと，インターネットをつなげること。インターネットとつながる家電などが例として挙げられる。

2　EC

Electronic Commerceの略。日本語では「電子商取引」となる。パソコンやスマートフォンを使用し，インターネット上で売買や決済を行う

ことを指し，「eコマース」と呼ぶこともある。また，インターネット上でショッピングができるサイトのことを「ECサイト」とも呼ぶ。

3 AR

Augmented Realityの略。日本語では「拡張現実」。一般的な例としてはスマートフォンのカメラを通して現実の景色を見ると，そこにキャラクターがいるかのように見える技術などがある。

4 MVNO

Mobile Virtual Network Operatorの略。日本語では「仮想移動体通信事業者」。自社で回線設備を開設したり運用したりせずに通信事業を行う会社。格安SIMの会社が有名。

5 AI

Artificial Intelligenceの略。日本語では「人工知能」。例としては，お掃除ロボットや車の自動運転システムなどにも使われている。

この問題で問われているのは，EC（Electronic Commerce：電子商取引）のことである。

正答：**2**

> **！ワンポイントアドバイス**
>
> ### ニュースに頻出する用語を日頃からチェックする
>
> 時事問題は，刻々と変化するものであり，これを覚えておけば大丈夫と言うものはない。日頃からニュースをチェックして，知らない用語が出てきたらすぐに調べる習慣をつけておくことが重要となる。テスト対策としてだけでなく，就職活動そのものに役立つからだ。今，世の中がどのように動いているかを知ることは，仕事をするうえで基本中の基本となる。常にアンテナを張って，新しい知識を取り入れようとする姿勢は就職活動に必ず生きてくる。

29 理科（自然科学）

▶ 出題の傾向と対策

SCOAにおける理科の問題は，物理・化学・生物・地学の4つのテーマからなる。社会同様，それぞれのテーマの範囲が非常に広く，各テーマの問題の配分が年によって変わる。具体的には，中学の理科と高校1年生レベルの理科の範囲である。基本問題が中心であり，難易度はさほど高くない。

学習のポイントとしては，中学の頃の参考書や問題集を1冊，例題を中心に学習するのがおすすめ。大学受験レベルほど難しい問題には，手を出さなくてよい。その代わり基本問題や例題には，必ず目を通すようにする。

- SPIでは，出題されない。
- SCOAの難易度は，中学～高校1年生レベルである。
- 公務員試験では，教養試験で出題されるが，一部の試験では出題されないところもある（Logicalタイプなど）。

山を張るのではなく，
中学範囲の復習から開始しよう

▶ 問題はこう解く！

◉物理

- 奇をてらった問題は出ないので，基本問題と例題を中心に当たっておく。
- 実際に手を動かしながら解くことが大切。単位の変換などの基本は，確実に覚えておく。
- 高校で物理を選択した学生は，余裕があればセンター試験の物理などを復習しておくとなおよい。

◉化学

- 物質の性質などの暗記項目と計算系の問題が，バランスよく出題される可能性がある。
- 特に，金属や気体の性質，酸化・還元や濃度問題のどれかは出やすい傾向にある。
- 基本的な中学の範囲は理解して化学のルールや公式を復習しておこう。

◉生物

- 遺伝の法則や光合成など植物の問題が多く出る。
- 中学の範囲では遺伝については計算力を確認するために出題されやすい。
- メンデルの法則や，その他の基本的な生物のキーワードを復習しておく。

◉地学

- 惑星に関する問題が出題されやすい。
- 基本的な惑星の性質，月の性質は頻出の分野である。
- 天気や気圧，火山岩なども出題されることがある。

最重要ポイントはここ！

- **公務員試験の要点整理集などを使って勉強する**
- **例題や基本問題を中心に浅く広く学習する。計算問題は手を動かして解く**

❖ 例題 1　物理の問題

高さ100mの灯台から100kgの鉄球と100gのリンゴを同時に落とした。先に地面に落下するのは，どちらか。ただし，空気の抵抗は考えないものとする。

....

1　鉄球がリンゴの2倍早く落下する

2　リンゴが鉄球の2倍早く落下する

3　鉄球とリンゴが同時に落下する

4　鉄球がリンゴの1000倍早く落下する

5　リンゴが鉄球の1000倍早く落下する

❖ 解答・解説

 解法の カギ　基本の公式を押さえておく

この問題は，有名なガリレオ・ガリレイの実験で導かれた自由落下運動の法則を知っていれば解くことができる。空気抵抗を考えない場合，重力による物体の落下速度はその物体の質量の大きさによらず，一定である。イメージと違って戸惑うかもしれないが，中学校の理科の授業で扱われている基本中の基本。忘れていたら復習しておこう。

落下速度の公式は，以下の通りである。

自由落下の速度は
　　v（速度）＝ g（重力加速度）× t（時間）

このとき，落下速度 v は時間 t に比例する。g は重力加速度で，値は 9.8m/s^2 である。

上記の落下速度の公式を使って，実際に計算させる問題が出題される場合もある。公式は記号で覚えるだけでは混乱するので，基本的には記号と併せて，v（速度）など，記号が意味する内容も覚えておく。たとえば g は，公式では重力加速度を示すが，重さ (g) と混同しないように注意する。

正答：**3**

基本公式の例

$v = v_0 + at$	等加速度運動	v_0：初速度，a：加速度，t：時間
$v = gt$	自由落下	g：加速度（9.8m/s^2）
$m\vec{a} = \vec{F}$	運動方程式	m：質量，a：加速度，F：力
$F = \mu N$	最大静止摩擦力	F：摩擦力，μ：摩擦計数，N：垂直抗力
$v = r\omega$	等速度運動	r：半径，ω：角速度
$x = A\sin\omega t$	単振動の変位	x：変位，A：半径，ωt：角度

> **❗ ワンポイントアドバイス**
>
> **基本的な法則を復習する**
>
> SCOAで出題される物理の問題は，基本的に中学・高校で学習した基礎的な内容である。すべての物理の範囲を学習することは難しいので，少なくとも基本的な公式には目を通す。特に，中学・高校の両方で出てくる範囲を，確実に復習しておく。

■■ 例題2 化学の問題

次の選択肢1～5のうち，金属共通の性質についての説明として間違っているものを1つ選べ。

1 電気を通しやすい
2 熱を通しやすい
3 金属光沢がある
4 磁石に引き寄せられる
5 延性や展性に富む

■■ 解答・解説

 解法の カギ 中高で習ったことを復習する

この問題は，中学や高校の化学で習う金属の性質について問われている。金属は磁石に引き寄せられるイメージが強いので4は正しいと思うかもしれないが，すべての金属が磁石に引き寄せられるわけではない。

磁石に引き寄せられる金属

　鉄，ニッケル，コバルトなど

磁石に引き寄せられない金属

　金，銀，銅，アルミニウムなど

その他の選択肢は金属の代表的な性質であり，間違った説明は4となる。

1の「電気を通しやすい」性質について解説すると，金属は電気を通しやすいが，電気を通しやすい物質がすべて金属とは限らない。よくある勘違いとして，鉛筆の芯に使われている黒鉛は電気を通すが，非金属である。電気を通せば金属と判断するのではなく，金属であれば電気を通すと覚える。

5の「延性」とは，たたくと薄く広がる性質のことで，「展性」とはたたくと細く伸びる性質のことである。

正答：4

公務員試験ではこう出題される

公務員試験では，より難易度の高い問題が出題される。特に苦手とする人が多い「酸化還元」や「濃度計算」「無機化学」「有機化学」の対策については忘れずに行おう。

❗ ワンポイントアドバイス

物質の性質，元素記号など基礎を押さえる

金属と非金属の性質，気体の性質などは頻出分野なので，中学・高校で習った基本的な知識を復習しておく。

化学の攻略法は，物理と同様基本公式を押さえておくことだ。液体の濃度の計算などが出題されることもある。SPI対策で学習した食塩水の濃度計算方法などを再度確認しておく。

とはいえ，出題されるのは難問ではなく基本的な知識を問うものがほとんどなので，物質の性質や元素記号のルールなど中学レベルの基礎化学をしっかり復習すれば対応できる。

🔲 例題3　生物の問題

エンドウ種子には形が「丸形」と「しわ形」になるものが存在する。メンデルの遺伝の法則によれば「しわ形」のほうが劣勢の遺伝子であり，「丸形」のほうが優勢の遺伝子である。丸型の遺伝子をA，しわ型の遺伝子をaとする。下記の選択肢から正しい選択肢を答えよ（この際，遺伝子は連鎖をせず，他の遺伝子の影響を受けないものと仮定する）。

1　丸形のエンドウとしわ形のエンドウを交配すると，次代はすべて丸形になる

2　丸形のエンドウとしわ形のエンドウを交配すると，次代にしわ形が含まれる可能性がある

3　純系の丸形（AA）と純系のしわ形（aa）を交配すると，次代はランダムになる

4　純系の丸形（AA）と純系のしわ形（aa）を交配すると，次代はしわ形が含まれる可能性がある

5　純系の丸形（AA）と純系のしわ形（aa）を交配すると，次代はすべて純系の丸形（AA）になる

🔲 解答・解説

解法の カギ　メンデルの法則に沿った説明を見つける

優性の遺伝子をA，劣性の遺伝子をaとした場合，丸形のエンドウの遺伝子は「AA」「Aa」の2パターンが考えられ，しわ形のエンドウ，つまり劣性の性質を持つエンドウの遺伝子は「aa」しかない。それぞれの選択肢の説明がメンデルの法則に沿っているかを見ていく。

1 丸形のエンドウとしわ形のエンドウを交配すると，次代はすべて丸形になる

一見，正しいように感じるが，丸形はAaの可能性もあるので，誤りである。 ◁ 典型的な引っかけ問題は前半に来やすいので注意

2 丸形のエンドウとしわ形のエンドウを交配すると，次代はしわ形が含まれる可能性がある

仮にAaの丸形とaaのしわ形が交配すると，次代はAaとaaが存在する可能性がある。よって，正しい説明である。

3 純系の丸形（AA）と純系のしわ形（aa）を交配すると，次代はランダムになる

ランダムという点が誤り。AAとaaからは，Aaが次代となる。

4 純系の丸形（AA）と純系のしわ形（aa）を交配すると，次代はしわ形が含まれる可能性がある

しわ形，つまりaaが次代となるという点が誤りである。

5 純系の丸形（AA）と純系のしわ形（aa）を交配すると，次代はすべて純系の丸形（AA）になる

丸形となる点は正しいが，純系（AA）であるという点が誤りである。

正答：**2**

公務員試験などでの遺伝の問題

基本的には遺伝子は，メンデルの法則に従うが，劣性遺伝子や優勢遺伝子の関係は特に出題されやすい。人物の名前を聞く問題よりも，計算問題が出題されやすいので注意しよう。

下記のような例外も引っかけ問題などと組み合わせて出題されやすい。

①連鎖遺伝（通常，独立して遺伝するはずが，組み替えなどが発生して，独立の法則から外れる）

②伴性遺伝（性別の性染色体と関係する遺伝。性別と遺伝子に関係がある場合）

③不完全優勢（オシロイバナなど，赤と白の中間にピンクの表現形がある場合）

④複対立遺伝子（2つ以上の遺伝子が1つの表現形を決定している場合）

例題4 地学の問題

太陽系の天体に関する説明のうち，誤っているものを選べ。

1 木星は火星よりも大きい
2 月は火星よりも地球に近い
3 土星は主に氷でできた大きなリングを持つ
4 海王星は金星よりも太陽から遠い
5 月は自転していない

解答・解説

解法の カギ　選択肢の正誤を見極める

この問題はいずれも太陽系にある天体に関する説明である。選択肢を1つずつ確認してみよう。

> 惑星の並びは，太陽から近い順に，「水金地火木土天海（すい・きん・ち・か・もく・どっ・てん・かい）」と覚えよう

1 木星は火星よりも大きい

木星は太陽系で最大の惑星なので，火星よりも大きい。正しい説明である。

2 月は火星よりも地球に近い

月は地球の周りを公転していることから，火星より地球に近いことが導き出される。正しい説明である。

3 土星は主に氷でできた大きなリングを持つ

土星は氷でできているリングがあるのが特徴だ。正しい説明である。

4 海王星は金星よりも太陽から遠い

海王星は金星よりも太陽から遠く，正しい説明である。なお，冥王星はかつて惑星と考えられていたが，質量の小ささから現在では準惑星とされている。

5 月は自転していない

月は地球の衛星で，自転している。月の自転の周期は27日で月の公転（地球の周りを）の周期も27日になるため，常に同じ面を地球に向けている。つまり，月が地球を1周する間に月自身も1回転している。

正答：**5**

⚠ ワンポイントアドバイス

常識問題のつもりで臨む

地学は地球についての科学的知見を集めた地質，地震，気象のほか，宇宙を科学で読み解く天文学も含まれ，幅広い分野にわたる。専門知識が要求されそうで敬遠する人も多いだろう。実際，地学は大学受験で選択する人も少ない。SCOAで出題されるのは基礎的な内容なので，比較的対応しやすい。中学レベルの知識をしっかり押さえておけば，得点源となり，他の受験者と差をつけることもできるので，ぜひ得意分野にしておいてほしい。

30 英　語

▶ 出題の傾向と対策

英語については，SCOAでは大きく分けて①**発音**，②**会話の応答**，③**空所補充**，④**和文英訳**の分野から出題されている。これまでは，センター試験（現在は大学入学共通テスト）の英語に類似した問題が出題されてきた。所要時間の関係から，長文問題はあまり出題されない。近年の大学入学共通テストでは発音問題が減少傾向にあるので，SCOAの英語もそれに準ずると予想される。全体的に難易度は高くなく，中学高校で学習したレベルで対応できる。

特別にSCOA向けに対策を考えなくても，TOEICや英検など一般に活用されている英語力テストの対策を行うことで，英語力の底上げをはかればよい。

- SPIでは出題されないが，企業によってはオプションで出題するところがある。
- SCOAでは，「発音」「会話の応答」「空所補充」「和文英訳」の4つの分野から出題される。
- 公務員試験では，教養試験の文章理解という分野で長文の内容把握や空所補充などの問題が出る。Lightや社会人基礎試験では，「会話の応答」や「単語の意味」なども出題される。

英語の出題傾向は大きく変わる可能性が高いので，TOEICなどの就活で使える英語力を中心に鍛えよう

▶ 問題はこう解く！

◉発音

中高および大学受験でみられるような出題パターンである。これまではアクセントの位置や発音の同じものを選ぶ問題，有声音と無声音の違いを問う問題などがよく出されてきた。今後は出題頻度が低下すると予想される。

- 発音はカタカナに頼らず，必ず声に出しながら覚える
- 単語全体の発音を体に入れると，アクセントにも対応できる

◉会話の応答

２人による会話のやりとりが示され，受け答えとしてかみ合っている選択肢を選ぶほか，熟語・慣用句を使った会話文が出題されることもある。

- 質問の趣旨を把握して，かみ合った答えを選ぶ
- 知っている言葉の用法に惑わされない

◉空所補充

熟語を完成させる語句を補充する問題が出る可能性がある。「in」「at」「on」などの前置詞を選ぶ問題が頻出するので，確認しておく。

- 品詞，熟語など文法知識を整理しておく
- まず中学レベルの復習を優先する

◉和文英訳

示された日本語の文を英訳したときに，適切な選択肢を選ぶ問題。基本的には，構文などの文法知識があると対応しやすい。過去形，現在形，未来形，完了形などの時制に関する問題や仮定法の問題もよく出される。苦手意識を持つ人が多いが，何度も練習して慣れておく。

- 基本構文に適切な単語を入れ替えて使いながら覚える
- 使役動詞の使い方に慣れる

最重要ポイントはここ！

- **発音問題は，出題頻度が低下傾向**
- **TOEICなど，ほかの試験対策と同時並行しよう**

leave（líːv）「出発する」「置いていく」

🔲 例題1 会話の応答の問題

次の空欄に入る応答として適切なものを1つ選んで会話を完成させなさい。

A：What time does the next train to Osaka leave?

B：（　　　　）

- **1** It takes 1 hour to Osaka.
- **2** At 11:30, from Platform 3.
- **3** There is no connection service.
- **4** I bought this watch.
- **5** Arrive at 3pm.

🔲 解答・解説

 解法の カギ 疑問詞に注目する

まずAが何を質問しているのかを，把握することが大切である。Aは「次の大阪行きの電車は，何時に出発しますか？」と尋ねている。

ここで注目すべきなのは，出だしの「What time?」である。これを読んで「何時か」を知りたいのだとわかれば，答えは絞られる。

> 疑問詞を見て，求められているものが何かを割り出す

選択肢の中で時刻が出てくるのは**2**と**5**だけである。

5の「Arrive at 3pm.」は，「arrive（到着する）」，つまり到着時間を答えているので，質問とはかみ合わない。**2**の「At 11:30, from Platform 3.（3番ホームから11時30分に出発します）」であれば，会話が成立する。したがって正答は**2**となる。

完全な文章で答えるとすると，「The train leaves at 11:30, from Platform 3.」となる。**5**では主語と動詞が省略されているが，意味は通じるし，むしろ急いでいるときには必要な情報だけで十分だ。実際の会話ではこのように明らかな部分は省略されることが多いことも知っておく。

正答：**2**

> ❗ **ワンポイントアドバイス**
>
> ## よく使われる疑問詞を復習しておく
>
> 会話の場合は，質問者が何を求めているかを理解することが正答への道である。質問の意図を理解する手がかりになるのは疑問詞である。よく使われるものを下記にまとめた。これらを身につけておけば，実際の会話でも必ず役に立つ。
>
> | | |
> |---|---|
> | Who ～？ | 誰か（人） |
> | What ～？ | 何か（モノや事柄） |
> | Where ～？ | どこか（場所） |
> | When ～？ What time？ | いつか（時間） |
> | Why ～？ | なぜか（理由） |
> | Which ～？ | どちらか（2つまたは複数の選択肢の中から） |
> | Whose ～？ | 誰のものか？ |
> | How ～？ | どのような手段・方法か |
> | How many ～？ | いくつか（数） |
> | How much ～？ | いくらか（値段） |

forgét – forgot – forgot (fə-gát)　sometime (sʌ́mtàim)
amóng (əmʌ́ŋ)「〜の中に」　otherwise「さもなければ」
アユ=

例題2　会話の応答の問題

次の問いに入れるのに最も適当なものを，1〜5のうちから1つ選べ。

Jo: Did you go grocery shopping yesterday?

Terry: No, I didn't. You forgot to leave me a shopping list when you left for work.

Jo: Really? I thought I put it on the table.

Terry: (　　　　　) We should clean up the table sometime. Otherwise, we'll never be able to find what we need.

1　How could I find it among all these papers?
2　What time did you leave for work yesterday?
3　Which grocery store did we stop by?
4　Why did you go shopping without it?
5　Where did you go shopping ?

■■ 解答・解説

解法の
カギ　前後の会話が何を示しているのかを正確に把握する

買い物リストを忘れたかどうかで，JoとTerryがもめている。(　　　　)の前でJoは買い物リストを置いたと話している。それに対して，Terryの(　　　　)の後のセリフがポイントである。

Terryが（　　　　　）の後に，「いつかテーブルを片付けるべきだ」といっている。そこからテーブルの上がごちゃごちゃである状況が想定される。

「How could I 〜?」は，反語表現。「どうしたら〜できるのだろうか」は，「いや，できない」という意味で使われる。

したがって，正答は **1** の「これだけの紙の山から，どうやってそれ（買い物リスト）を見つけられるのか」となる。

そのほかの選択肢の訳は，次の通りである。

2　What time did you leave for work yesterday?
　　（昨日はいつ仕事に出かけたの？）

3　Which grocery store did we stop by?　　grocery (gróʊs(ə)ri)
　　（どこの食料品店に立ち寄ったの？）

4　Why did you go shopping without it?
　　（なぜ，それなしに買い物に行ったの？）

5　Where did you go shopping ?
　　（どこに買い物に行ったの？）

正答：1

> **！ ワンポイントアドバイス**
>
> 会話文の問題は，前後の文章から流れを推測することが重要になる。また，ITなどの指示語が何を示しているか把握することも，大きな手がかりとなるので指示語が何を示しているかを把握するようにする。

次の空所に入れるのに最も適当なものを下の１〜５のうちから１つ選べ。

Due to the rain, our performance in the game was

(　　　) from perfect.

1　apart
2　difference
3　far
4　free
5　take

■■ 解答・解説

 解法の　文章全体の意味に対応する語句を選ぶ
カギ

●**イディオムをつくる品詞に注意する**

空所補充では，イディオムとなっている言葉の組合せを問う問題がよく出る。その場合は空所に入るのが名詞か形容詞か動詞なのかを，前後の並びから確認する。

イディオム「far from 〜」は，「〜からほど遠い」という意味である。これを補って文章全体を訳すと，「雨のせいで試合の出来ばえは，完璧とはほど遠かった」となり，意味が通る。したがって正答は３の「far」である。

最も間違えやすいのが，２の「difference」である。「A is different from B（AはBと異なる）」というイディオムを知っている人は，つい２を選んでしまうかもしれないが，differentは形容詞で，difference

は名詞。be difference fromとは言わない。このように<mark>品詞の違いにも注意</mark>が必要である。

正答：3

> **! ワンポイントアドバイス**
>
> ## 出題されそうな問題形式
>
> 空所補充では，そのほか下記のような問題もある。
>
> **【前置詞を確認する問題】**
>
> Eventually I gave **in** and accepted defeat.（ついに私は折れて負けを認めた）
>
> **give in＝屈服する，折れる**
>
> He gazed **at** the girl with red shoes.（彼は赤い靴を履いた少女を見つめた）
>
> **gaze at ～＝～を見つめる**　　gáze（géɪz）
>
> Children are dependent **on** their parents.（子どもは親に依存している）
>
> **depéndent on ～＝～に依存する**
>
> 「in」「at」「on」などの前置詞を補充する
>
> **【複数形か単数形かを確認する問題】**
>
> I like cats.（私は猫 **一般** が好きだ）
>
> I have a cat as a pet.（私はペットとして猫を **一匹** 飼っている）
>
> **【助動詞を確認する問題】**
>
> You **should** read this new book.（この新しい本を読んだ方がいいよ）
>
> I **must** stop eating too much sweet because the doctor told me so.（医者に指示されたので，甘いものの食べすぎはやめなければならない）
>
> **【適切な形容詞を選択する問題】**
>
> 例）kind＝やさしい　という訳語に引きずられない
>
> やさしい犬　kind dog ×　　nice dog ○
>
> やさしい本　kind book ×　　easy book ○
>
> 名詞との組み合わせに注意する

例題 4 和文英訳の問題

次の英文を完成するのに最も適切な語を選び番号で答えなさい。

貴方がコンテストで 1 等賞を取ったと聞いて，とても興奮しているわ。

I was ＿＿＿＿＿＿ to hear that you got first prize in the contest.

1　excite
2　exciting
3　excited
4　to excite

解答・解説

 解法の カギ　熟語と重要構文を復習する

●自動詞や他動詞との違いは頻出の引っかけ問題

be excited to という形で「興奮している」となる。excite という動詞は，他動詞であり，「〜を興奮させる」という意味になる。「自分が興奮する」という自動詞になるには「be excited to」という形に変形する必要がある。正答は，3 の excited である。

正答：**3**

構文を活用して自分で文をつくれるようにしておく

和文英訳の力を上げていくのに，役に立つのが構文の知識である。構文を知っていれば，必要に応じて単語を入れ替えて使い回すことができるようになる。

覚えておくと役に立つ構文をいくつか挙げておく。

It is ＋形容詞＋ for ＋（人）＋ to ＋動詞

It is good for us to eat healthy food.（健康的な食品を食べるのは私たちにとってよいことだ）

too ＋形容詞＋ to ＋動詞

I was too busy to watch the baseball game yesterday.（昨日は忙しすぎて野球の試合が見られなかった）

so ＋形容詞＋ that ～

He was so tired that he could hardly stand up.（彼は立ち上がれないほどに疲れていた）

また，英語では使役動詞が日常的に使われるので，使いこなせるようにしておく。使役動詞とは，「誰かに何かをさせる・してもらう」場合に使う動詞である。いくつか例を挙げておく。

I had my hair cut.（私は髪を切ってもらった）

have は「自分の髪を cut させた」という使役動詞である。

The story made me feel happy.（その物語で幸せな気持ちになった）

Please let me know your contact number.（電話番号を教えてください）

He always gets me irritated.（彼はいつも私をイライラさせる）

イリテイティド

| SPI ★★★ | SCOA ★★★ | 公務員 ★★★ |

論理（判断推理）

▶ 出題の傾向と対策

SCOAの論理は文字通り，論理的思考力が試される問題である。知識のあるなしより，提示された条件のもとで論理的に物事を考えることができるかが問われる。

- SPIでは，非言語の推論という分野で出題される。
- 公務員試験では，判断推理という分野で出題される。
- SCOAでは論理全体で20〜30問，公務員試験の判断推理では7〜10問が出題され，テーマ別の問題数の配分は毎年異なる。
- SCOA，公務員試験では，図形，空間把握に関する問題は頻出傾向にある。

SPIでは，立体関係の問題は出題されないんだにゃ

▶ 問題はこう解く！

◉立体問題は空間把握力を鍛える

定番として頻出するのは，サイコロのような正六面体を，指示通りに回したときにどの目が上に来るかを問う問題である。そのほか，立体を指示に従って切断した場合の切断面の形を問うものもある。正六面体に限らず，正八面体，円柱，円錐などの立体が登場する場合もある。空間把握能力を問われる問題であり，慣れていないと混乱しやすいか

もしれないが，実際にサイコロや消しゴム，箱などの物体を動かして確認してみると，案外簡単であることがわかる。切断面の問題も慣れるまではチーズや豆腐などを実際に切ってみるのもよいだろう。

◉**推論では複数の情報を整理・統合して考える**

SPIの推論では，最初にいくつかの条件が提示され，それをもとに出すことのできる結論について問われる。たとえば，ABCDの4人の身長について，①AはBより高い。②BはCより低い。③DとAは同じ身長。という条件が提示されたときに，一番身長が低いのはBであるといえるか？→いえる。

しかし，一番身長が高いのはAとDであるといえるか？→これはいえない。なぜなら，AとCとの比較については条件が提示されていないので，Cのほうがより高い可能性もあるからだ（Dについても同様）。このように与えられた情報を整理・統合して考えて結論を導き出す作業をするときは，頭の中だけで考えずに図や表に書き出して整理することをおすすめする。

◉**判断推理**

公務員試験の判断推理では順序関係，位置関係，数量推理，図形，集合など，多岐にわたる問題が出題される。パターンごとの解き方に慣れておこう。SPIの範囲と重複するテーマも多いので，同時に対策しておくのがよい。

👆 ✨ **最重要ポイントはここ！**

テーマは大きく3つに分けられる。

●**立体**：サイコロなどの正六面体に関する問題が頻出
●**推論**：与えられた条件に照らして，正しいといえるかどうかを判断する
●**判断推理**：さまざまなパターンの問題に対応できるように，それぞれの解き方を身につける

下の展開図の立体を指示された方向と順に回転させたとき，
上の面にＡが出る選択肢はどれか。

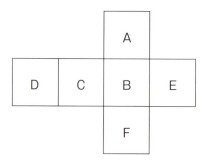
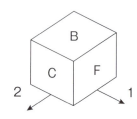

1　方向 1 →方向 1
2　方向 2 →方向 2 →方向 2
3　方向 1 →方向 2
4　方向 2 →方向 2 →方向 1
5　方向 2 →方向 1 →方向 2

■■ 解答・解説

　解法の
カギ　実際に立体を動かすイメージをする

●サイコロの回転問題は頻出

このタイプの問題は頻出なので，ぜひ慣れておこう。立体の問題は言葉
で説明するより，実物を動かして目で確認するのが，一番わかりやすい。
それぞれの選択肢の指示に沿って，実際にサイコロを動かしてみたら，

最後にどの面が上になるのかがわかる。

   1   方向1　A面が上→方向1　D面が上

   2   方向2　E面が上→方向2　D面が上→方向2　C面が上

   3   方向1　A面が上→方向2　E面が上

   4   方向2　E面が上→方向2　D面が上→方向1　A面が上

   5   方向2　E面が上→方向1　A面が上→方向2　D面が上

以上の中で，最後にA面が上になるのは**4**である。

●慣れるまでは実物で確認する

この問題は最初にサイコロの展開図を見せて全体像をイメージさせ，そ
れを回転させることで，どの面が上になるかという空間把握能力を試し
ている。慣れている人にとっては簡単だが，苦手な人は混乱しやすい問
題だろう。

苦手な人は慣れるまで，手元に消しゴムや小さな箱などを用意して，実
際に物体を動かしながら考えてみると納得しやすい。

ほとんどの問題ではサイコロのような正六面体が使われれるが，たまに
正八面体などの特殊な図形が出題されることもある。どのような図形が
出ても考え方は変わらないので焦らず対応しよう。

正答：**4**

!　**ワンポイントアドバイス**

  ●身近な物体を実際に動かして確かめる

  ●慣れたら頭の中で動かすイメージトレーニングをする

⊞ 例題2 立体の問題

下の図の立体をADの中点，CDの中点，AEの中点，GC
の中点，EFの中点，FGの中点で切断したとき，切り口は，
どんな図形になるか答えよ。

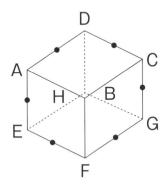

1	正三角形	2	長方形	3	正方形
4	五角形	5	正六角形		

⊞ 解答・解説

 解法の
カギ　実際に切断した面の形をイメージする

●切断面にできる角の数から判断

この問題も，空間把握能力が問われている。慣れるまではチーズや消し
ゴムなどを実際に切ってみるのが，わかりやすいだろう。問題では，正
六面体（立方体）を奥から手前に向かって上から下へそれぞれの辺の中
点を通過しながら切っていく。切断面には6つの角ができるので，六角
形となる。しかも，それぞれの辺の長さが等しい正六角形ができること
がわかる。

正六角形

●代表的な切り方と切断面の形は覚えておこう

立体の切断の問題では，立方体（正六面体）の切断面を問う出題が多い。ふだん立方体の切断面の形について考える機会もあまりないので，イメージしにくいかもしれない。代表的な切断のしかたとその面の形を以下に紹介するので，覚えておこう。

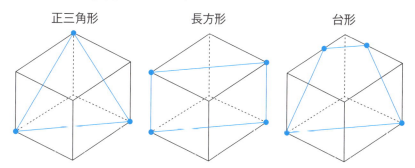

正三角形　　　　　長方形　　　　　台形

立方体のほかにも，円柱や円錐の切断面が出題されることもある。

正答：**5**

> **!** ワンポイントアドバイス
>
> ● チーズや消しゴムなどを実際に切ってみる
> ● 慣れたら頭の中で切断面をイメージするトレーニングをする

下の図のAからBまで行く，最短経路は何通りあるか？

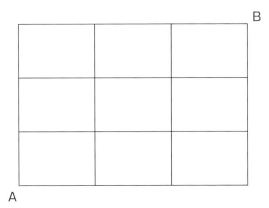

1	4通り	2	6通り	3	12通り
4	20通り	5	36通り		

解答・解説

解法の カギ 順列・組み合わせの基礎知識で計算

●SPI対策を兼ねる

最短経路が何通りあるかという問題は，SPIの順列・組み合わせなどの分野で頻出である。併せて解けるようにしておく。最短経路の数を手動で数えてもわかりそうに思うが，可能性が増えてくると数え間違いしやすいし，時間もかかる。ここは，数学的知識を使って計算する。

●組み合わせの計算方法を使う

典型的な組み合せの問題のパターンだが，下記のように考えるとわかりやすい。

縦↑方向に向かう棒×3本
横→方向に向かう棒×3本
計6本の棒がある。6本の棒を使って，AからBに到達するように，つなげた場合の組み合わせのパターンが何通りできるかを求めればよい。
棒を使う順番は，特に気にしなくてよいので，次の式で求められる。

$$\frac{(3+3)!}{3! \times 3!} = {}_6C_3$$

$$\frac{6!}{3! \times 3!} = \frac{{}^2\cancel{6} \times 5 \times {}^2\cancel{4}}{{}_1\cancel{3} \times {}_1\cancel{2} \times 1} = 20$$

よって，正答は4 20通りである。

正答：**4**

一般常識問題

❗ **ワンポイントアドバイス**

● SPI対策と併せて組み合わせの計算を復習する（→P104）
● 解き方のパターンを覚える

▪▪ 例題 4 判断推理の問題

1番目の箱にゼロを1つ置き，2番目以降の箱には図のようにゼロと1を並べていくとき，7番目の箱にあるゼロの個数を答えよ。

1番目
```
0
```

2番目
```
0 1
1 0
```

3番目
```
0 1 0
1 0 1
0 1 0
```

1	6個	**2**	12個	**3**	18個
4	20個	**5**	25個			

▪▪ 解答・解説

 解法の カギ 周期性（規則性）を探る

●リラックスして楽しむ

判断推理の問題は，パズルを解くようにひらめきが必要な場合もある。この問題は，数学の知識というよりも，与えられた事象の周期性（規則性）に気づくことがポイントとなる。何か共通するところはないか？　一定のパターンはないか？　という目で見てみると，意外に簡単に気づくことができるかもしれない。まずは落ち着いて遊び感覚でリラックスして取り組んでみよう。

●最初のいくつかを書き出して周期性を見つける

今回は，数字の0（ゼロ）と1（イチ）が周期的に増えていく問題だ。

まずは，指示に従って書き出していき，そこにどんな周期性があるかを見つけよう。

問題に示された図からわかることを描きだしてみよう。

1番目は，ゼロ：1個，イチ：0個←合計1個

2番目は，ゼロ：2個，イチ：2個→合計4個

3番目は，ゼロ：5個，イチ：4個→合計9個

4番目は，ゼロ：8個，イチ：8個→合計16個

この段階で，気づいたことはないだろうか？

(A) 合計の個数は，●番目を2乗した数。例）3番目は9個＝3の3乗

(B) 奇数番目はイチよりゼロが1つ多い（偶数番目は同じ数）

上記2点に気がつけば，答えに大きく近づいている。

要するに，偶数番目の場合は合計数を2で割ればゼロとイチの個数が求められる。奇数番目はイチよりもゼロが1つ多く出る。

これを前提に，7番目を考えてみよう。

全体の数は，7の2乗で49個。ゼロの数はイチに比べて1つ多いので，49からその分をよけて残りの48を2で割った数がイチの個数である。

48÷2＝24（個）

したがって，ゼロの数はイチの数よりも1つ多いので，

24＋1＝25（個）となる。

正答：**5**

!　**ワンポイントアドバイス**

● いくつか実際に書き出して法則性を見つける

● 先入観にとらわれず，頭をやわらかくして考える

SPIのオプション「構造的把握力検査」

SPIのオプション検査の1つである構造的把握力検査は，「ものごとの背後にある共通性や関係性を構造的に把握する力を測定する」検査になります。具体的には未経験の問題に直面したときや新しいサービスを考えるとき，合意形成をするときなどの場面で発揮される能力を測定しています。

現在は，総合商社や広告代理店など人気が高く難関といわれる企業が導入していますが，今後導入する企業が増える可能性もあります。

構造的把握力検査は，テストセンターでのみ実施されます。試験時間は約20分で，約20問が出題されます。複数の文章を読み，構造が似ている文章を選ぶ問題や，選択肢で示された文を読み，同じ趣旨のものとそうでないものに分類するタイプの問題などが出題されます。難易度は高くないものの見慣れない形式の問題に戸惑う人も多いので，対策本などを活用して，いろいろなパターンの問題を解いておくことがポイントになります。

第6章

性格検査

性格検査とは

学力以外に「性格」にも
検査があるにゃ

　性格検査は，受験者の性格や気質を判断したり，企業が求める人物像から大きくはずれたりしていないかなどをチェックしたりするためのものです。

　受験者は100問以上の設問に答え，回答結果をもとにいくつかのおおまかなタイプに分類されます。SPIの言語問題や非言語問題などと違い，何が正解なのかがわからないため，あまり準備せずに受験してしまう受験者も多いです。まずは，性格検査がどんな検査で，どこを見られているかなどを知っておきましょう。

問題数が多い

　性格検査の問題はSPIなら約300問を30～45分ほど，SCOAなら約240問を35分ほど，公務員試験なら100問を15分ほどで答えなければなりません。とにかく問題数が多いため，1問に30秒もかけていたら終わらなくなってしまいます。時間内にすべて回答するためには，テンポよく答えていくことが必要です。

SPIとSCOAで測定項目が違う

　SPIとSCOAでは，測定される項目に違いがあります。次のページからは，SPIとSCOAで受験者がそれぞれどんなタイプに分類されるのかを確認します。

SPI における性格検査

SPIにおける性格検査は「意欲的側面」「行動的側面」「情緒的側面」「社会関係的側面」の4つの側面から判断されます。さらにそれぞれの側面を構成する項目が2〜6項目あり，全部で約18項目で判断されることになります。

性格側面	尺度	特徴
意欲的側面	活動意欲	活動意欲が高い→決断力がある，積極性が高い 活動意欲が低い→慎重な性格，安全性重視，のんびり屋
	達成意欲	達成意欲が高い→チャレンジ精神がある，野心家 達成意欲が低い→1つずつ確実に行うタイプ，のんびり屋
行動的側面	慎重性	慎重性が高い→計画的に物事を進める。冷静に判断可能 慎重性が低い→決断が速い。柔軟な対応。計画性が低い
	身体的活動性	身体的活動性が高い→活発で対応が素早い 身体的活動性が低い→落ち着きがある。活発ではない
	持続性	持続性が高い→仕事を粘り強く続けることができる 持続性が低い→切り替えがはやい。諦めがはやい
	社会的内向性[1]	社会的内向性が高い→控え目，積極的なコミュニケーションは苦手 社会的内向性が低い→人付き合いが得意。外交的
	内省性[2]	内省性が高い→深く考えることが得意 内省性が低い→思いついたらまずは行動するタイプ

[1] 社会的内向性……人見知りをするかしないかの指標
[2] 内省性……………物事を深く考えることができるどうかの指標

性格側面	尺度	特徴
社会関係的側面	自己尊重性	自己尊重性が高い→自分の考えを尊重して行動する 自己尊重性が低い→周りの考えや意見を取り入れて行動
	懐疑的思考性	懐疑的思考性が高い→他人と打ち解けるのに時間がかかる 懐疑的思考性が低い→新しい人ともすぐ打ち解ける
	批判性	批判性が高い→他人の間違いを批判しやすい 批判性が低い→他人の間違いも許しやすい傾向がある
	回避性	回避性が高い→人との衝突をできるだけ避ける 回避性が低い→衝突してでも意見を交わすべきと考える
	従順性	従順性が高い→人の意見に従うことが多い 従順性が低い→自分の考えを尊重した行動が多い
情緒的側面	独自性	独自性が高い→個性的で他人と違う観点で物事を考える 独自性が低い→協調性があり，集団行動が得意
	自信性	自信性が高い→自分に自信があり，堂々としている 自信性が低い→控え目，落ち込みやすい
	高揚性	高揚性が高い→明るく，イベント等を積極的に楽しむ 高揚性が低い→落ち着きがあり，常に冷静
	気分性	気分性が高い→感情が豊か。気分のムラが多い 気分性が低い→冷静で感情的になりにくい
	自責性	自責性が高い→自分に厳しい。落ち込みやすい 自責性が低い→いつも明るく，楽観的
	敏感性	敏感性が高い→他人の反応に敏感なタイプ。心配性 敏感性が低い→他人の反応を過剰に気にすることはない

SPIの性格検査の構成

　問題が3部構成になっており，1部と3部が「当てはまるか，当てはまらないか」，2部が「Aに近いか，Bに近いか」を問う形式になっています。

〈1部・3部「当てはまるか，当てはまらないか」の例〉

「他人が自分をどう評価しているかが気になる」
　　A．あてはまる
　　B．どちらかといえばあてはまる
　　C．どちらかといえばあてはまらない
　　D．あてはまらない

　この場合，AやBを選ぶと「敏感性が高い」と判断されやすいです。
　4段階で聞かれ，B・Cのように「どちらかといえば」の選択肢があるのが特徴です。

〈2部「Aに近いか，Bに近いか」の例〉

A 「思い立ったらすぐに行動したい」
B 「行動する前に念入りに計画を立てたい」

　1．Aに近い
　2．どちらかといえばAに近い
　3．どちらかといえばBに近い
　4．Bに近い

　このように2つの性格的な傾向が示され，どちらに近いかを4段階で判断します。Aに近いほど「活動意欲が高い」と評価されやすく，Bに近いほど「慎重性が高い」もしくは「内省性が高い」と評価されやすいです。

SCOA における性格検査

　SCOAにおける性格検査は「気質 (先天的なもの)」「性格的特徴 (後天的なもの)」「態度 (意欲)」の3つの項目に分けて診断されます。また，気質は6つの側面，性格的特徴・態度は5つの尺度によって判断されます。それぞれどんな側面があるかを表で確認しましょう。

気質

気質側面	尺度	特徴
循環性気質	高揚タイプ	陽気で活発。コミュニケーションが得意
	執着タイプ	こだわりが強く，個性的。努力家で完璧主義
粘着性気質	緩慢タイプ	マイペースで几帳面。堅実に仕事をこなしていくタイプ
	率直タイプ	発言がストレート。地味な仕事はあまり好まない
分離性気質	敏感タイプ	真面目で繊細で広く浅い人間関係を好まない
	独自タイプ	負けず嫌いでチャレンジ精神が旺盛。大胆な面もある

性格的特徴

尺度	特徴
論理性	ものごとを論理的に考えられるかどうか
慎重性	ものごとを慎重に考え，対応できるかどうか
向性	外向的なのか，内向的なのか
実行能力	まず行動をしてみるタイプか，熟考してから行動するタイプか
情緒安定性	感情を表に出すタイプか，気持ちの切り替えができるかなど

態度

尺度	特徴
リーダーシップ	リーダーシップがあるかどうか
チームワーク	コミュニケーションを取り，集団で仕事ができるか
計画性	計画を立てて仕事に取り組めるかどうか
柔軟性	さまざまな視点から仕事ができるか。工夫をして仕事ができるか
達成力	与えられた仕事を最後までやり切れるタイプか

SCOAの性格検査の構成

　SCOAの性格検査は，大きく分けて2種類で構成されています（ここでは検査①と検査②とする）。

検査①

受験者の傾向が企業とマッチするかどうかを見られる

> 問　A・Bから，より自分にあてはまると感じる方を選びなさい。
> 　A. 行動をする前には計画を立て，それに沿って活動するよう努める。
> 　B. 自分に与えられた役割は何があってもやり遂げる。

検査①は60問あり，「態度（意欲）」を測定します。

検査②

> 問　トラブルが起きたときに，まず自分に原因があるのではないかと考える。
> 　YES ／ NO ／ ?

「?」が多いとよい評価にならないので，注意！

検査②は180問あり，「気質」と「性格的特徴」を測定します。

公務員試験における性格検査

　公務員試験でも，「面接試験の参考にするために」という理由で性格検査を課しているところが多くなっています。試験の名称としては「性格検査」「適性検査」と表記している例が多いですが，「Y・G性格検査」や「内田クレペリン精神検査」など具体的な検査名が記されていることもあるなど，試験実施機関によって検査の形式は異なります。

性格検査の質問例

> 「時間を有効に使うことが得意だ」
> 「他人から個性的だと言われることが多い」
> 「今までうそをついたことは1度もない」
> 「深く考えるよりも，まずは行動してみる」

　SPIやSCOAと比べて質問の意図がわかりやすいものが多くなっています。回答は「はい・いいえ」の二択タイプや「当てはまる・やや当てはまる・やや当てはまらない・当てはまらない」の四択タイプが一般的です。

「適性検査」と「適性試験」は全然違う！

「適性試験（事務適性試験）」というのは，性格検査と同義の「適性検査」とはまったく別物です。適性試験は「限られた時間内でスピーディーに仕事ができるか」という事務処理能力を見るためのもので「計算」「分類」「照合（見本と同じ図や文を探す）」「置換（ヒントやルールをもとに，暗号を解読する）」「図形把握（同じ，もしくは異なる図形を探す）」などの分野から出題される，IQテストに近い問題になっています。受験先によって異なりますが，上記の中から3分野の出題になることが一般的です。難易度は高くないですが，問題数が多いです。目安は「100問を10分」で解くこと。適性試験は得点計算も特殊なので，適性試験が課されている場合は，問題集等を購入して，事前に何度か練習をしておくことをおすすめします。

▶ 性格検査は正直に答えるべきか

性格検査で「心がけてほしいこと」と「おすすめの方法」を紹介します。

嘘はつかない

「心がけてほしいこと」は，「まったくの嘘はつかない」ということです。なぜ嘘をついてはいけないのかは，以下の通りです。

①「回答態度」という項目がある

受験者が受けた性格検査の結果は，「診断表」として採用担当者に届けられます。診断表には「回答態度」という項目があり，「嘘をついている可能性が高い」「自分をよく見せようとしすぎていて，診断結果の信用性が低い」などの情報が載ります。

②問題数に対して回答時間が短い

それでは，つじつまが合うように1問1問しっかりと考えて答えればいいと思うかもしれませんが，性格検査は回答時間が短くなっています。SPIなら約300問に対して30～45分ほど，SCOAなら約240問に対して35分ほどで答えなければなりません。つじつまが合うように1問1問吟味して答える時間はないということです。

③採用企業とのミスマッチが起きる

仮に嘘をつき通したとしても，入社後に求められるのは偽った資質になります。本当の性格には合わない部署に配属される可能性もあるため，おすすめできません。

入庁後にどんな風に働きたいかを想像して答えよう

おすすめの方法は，現在の自分の状態を正直に答えるよりも，入庁してイキイキと働く自分を想像しながら答えることです。いつもよりもポジティブな気持ちで設問に答えましょう。

執筆責任者

渡邊　峻（わたなべ しゅん）

猫の手ゼミナール塾長，株式会社日本学術総合研究所代表取締役。社会人学生として神奈川大学に特待生（給費生）として進学。在学中に学科首席を取得した経験を生かして，大学生向けの塾である猫の手ゼミナールを起業。2015年にはビジネスコンテストで優秀賞を受賞。累計1,500名以上の大学生や社会人を対象に学習サポートを行っている。「大学教育」というテーマでの大学生向けの講演や「起業」というテーマでの起業家向けの講演などを行う。

カバーデザイン	サイクルデザイン
本文デザイン・編集協力	エディポック
執筆協力	石倉尚斗（猫の手ゼミナール）

●本書の内容に関するお問合せについて

　本書の内容に誤りと思われるところがありましたら，まずは小社ブックスサイト（jitsumu. hondana. jp）中の本書ページ内にある正誤表・訂正表をご確認ください。正誤表・訂正表がない場合や訂正表に該当箇所が掲載されていない場合は，書名，発行年月日，お客様の名前・連絡先，該当箇所のページ番号と具体的な誤りの内容・理由等をご記入のうえ，郵便，FAX，メールにてお問合せください。

〒163-8671　東京都新宿区新宿1-1-12　実務教育出版　第2編集部問合せ窓口
FAX：03-5369-2237　　E-mail：jitsumu_2hen@jitsumu.co.jp

【ご注意】
※電話でのお問合せは，一切受け付けておりません。
※内容の正誤以外のお問合せ（詳しい解説・受験指導のご要望等）には対応できません。

公務員試験で出る SPI・SCOA［早わかり］問題集

2021年 3 月 20 日　初版第 1 刷発行　　　　　　　　　　〈検印省略〉

編　者	資格試験研究会	
執　筆	猫の手ゼミナール	
発行者	小山隆之	
発行所	株式会社 実務教育出版	
	〒163-8671　東京都新宿区新宿1-1-12	
	☎編集　03-3355-1812　　販売　03-3355-1951	
	振替　00160-0-78270	
組　版	エディポック	
印　刷	文化カラー印刷	
製　本	東京美術紙工	